크리스천
청년들의
군대톡톡

크리스천 청년들의 군대 톡톡(개정판)

ⓒ 생명의말씀사 2015, 2024

2015년 12월 28일 1판 1쇄 발행
2019년 12월 18일   4쇄 발행
2024년 8월 30일 2판 1쇄 발행

펴낸이 | 김창영
펴낸곳 | 생명의말씀사

등록 | 1962. 1. 10. No.300-1962-1
주소 | 서울시 종로구 경희궁1길 6 (03176)
전화 | 02)738-6555(본사) · 02)3159-7979(영업)
팩스 | 02)739-3824(본사) · 080-022-8585(영업)

지은이 | 주종화, 이은성

기획편집 | 서정희, 허윤희
디자인 | 최종혜
인쇄 | 영진문원
제본 | 보경문화사

ISBN 978-89-04-16894-1 (03230)

저작권자의 허락 없이 이 책의 일부 또는 전체를
부단 복제, 전재, 발췌하면 저작권법에 의해 처벌을 받습니다.

크리스천 청년들을 위한 군대 생활 설명서

크리스천 청년들의 군대톡톡

Talk Talk

주종화, 이은성 지음

개정판

군대가 편해졌다고? 그래도 군대는 군대다!
입대에 대한 막연한 걱정과 두려움을 날려 줄, 상황별·계급별 군 생활 A to Z!

생명의말씀사

추천사

고등학교를 졸업하거나 대학에 입학하여 사회로 첫발을 내딛는 크리스천 청년에게 있어서 가장 큰 두려움은 군에 입대하는 것이다. 신체검사를 받고 입대 영장이 나오게 되면 아버지와 교회 형들이 "너도 잘할 수 있어."라고 격려한다. 그러나 입대 날짜가 다가오게 되면 여전히 두렵다. 군 생활 가운데 신앙생활은 어떻게 할 수 있으며, 교회와는 다른 타 종교인들이 함께 생활하는 곳에서 어떤 자세로 살아가야 할지 많은 걱정이 생길 수밖에 없다. 이런 고민 가운데 있는 크리스천 청년들에게 이 책은 입대 전부터 전역할 때까지 신앙인으로서 후회하지 않고 군 생활을 잘 마칠 수 있도록 이끌어 주는 길잡이가 될 것이다. 특히 저자인 두 분 목사님은 오랫동안 군선교 현장에서 현역 군인으로 사역하셨거나 군선교사로 활동하고 있기 때문에 더욱 크리스천 청년들이 무엇을 두려워하는지를 잘 알고 있다. 입대 전 두려움을 가지고 있는 크리스천 청년들에게 가이드 역할을 하는 필독서가 되기를 바란다.

김경원 (서현교회 원로목사, 미래군선교네트워크 이사장)

35년이 훌쩍 넘은 군 생활을 다시 회상하려니 만감이 교차한다. 그 시절에 대한 아쉬움이 많이 남아서인지도 모른다. 그런데 아들이 군대를 간다고 하니, 비록 목사이지만 아들에게 두려움을 떨치도록 권면하는 것이 쉽지 않았다. 아마 그 고민은 군 입대를 앞둔 모든 크리스천 부모들의 고민일 것이다. 그런데 이러한 고민을 저자 중 한 분인 이은성 목사님이 시원하게 해결해 주었다. 아들의 자대에 면회를 가서 그곳에 있는 필승교회에서 군 목회를 하는 목사님을 알게 되었다. 이 목사님은 군선교에 대한 확실한 사명감을 가지고 사병들의 영혼을 사랑하며 군 교회의 영적 부흥을 위해 하나님 앞에서 씨름하는 진실한 목회자이다. 이 책이 군 입대를 앞둔 청년들과 군 생활을 하는 모든 장병들에게 안내자의 역할을 감당하는 좋은 안내서가 되리라 확신한다.

김양옥 (등대교회 담임목사, 전역 장병의 아버지)

이 책을 만난 자, 길을 잃지 않을 것이다! 이 책은 다음 세대인 젊은 청년들이 군대에서 경험하는 인생의 가장 중요한 만남이다! 하나님을 만나고 알아 가기를 바라는 선배의 사랑하는 마음이 가득 담겨 있기 때문이다. 성경과 이 책 두 권을 가지고 입대한다면, 당신은 이미 영적 전쟁에서 승리한 것이다.

김진태 (김천운남교회 장로, (주) 세움전기 대표)

군 생활 중에 이 책을 읽으니 군대가 새롭게 와닿는다. 일찍 알수록 좋은 상황별·계급별 조언들이 가득하니 꼭 읽어 보길 권한다! 특히 하나님 나라의 군인으로서 훈련받는다는 마음으로 군 생활을 이겨 내고, 듬직한 군인이 되어 삶의 자리로 파송받는 우리가 되길 바란다.

김창조 (해군 병장)

누구도 선뜻 가기 힘들고 생소한 복음의 불모지인 군선교 사역에 하나님만 바라보고 뛰어든 이은성 목사님을 존경하고 개정판의 출간을 축하드린다. 아들을 군에 보낸 엄마로서 목사님의 사역이 더 귀하고 하나님께서 목사님을 통해 이루실 군선교와 통일선교까지 기대된다. 이 책을 통해 많은 장병들이 어둠에서 빛으로 인도되고 청년의 때에 창조주를 기억하며 선교에 헌신하는 일꾼되기를 소망한다. 책을 읽는 모든 예비 군인과 현역 장병들이 하나님을 뜨겁게 만나고 하나님 군대의 용사가 되기를 기도한다. 앞으로도 입대하게 될 청년들이 하나님 없는 가난에서 탈출하는 그날까지 이은성 목사님의 군선교 정진을 응원한다.

박동숙(대전한밭교회 집사, 현역 상병 김태웅의 어머니)

이 책은 크리스천 청년들이 군대라는 동굴을 지날 때 참고가 될 만한 하나님의 신호등을 달아 주는 탁월한 안내서가 될 것이다. 입대를 앞둔 사람은 지푸라기라도 잡는 심정으로 이것저것 찾아보는데, 어딜 봐도 군대에 관해 성심성의껏 말해 주는 사람이 없어 답답했을 것이다. 이를 해결하고 특히 입대하는 장병들에게 조심해야 하고 자칫 실수할 수 있는 부분들, 하나님께서 배치해 놓으신 보물들을 어떻게 구별하고, 보고, 찾아낼 수 있는지 안내판 역할을 해 주는 책이 될 것이다. 따라서 입대를 앞둔 청년들이나 군 생활을 이미 하고 있는 장병들에게 이 책이 많은 도움이 될 것이다. 우리가 어디를 가든 하나님께서 먼저 가 계시고 우리와 동행하신다. 절절포(절대 절대 포기하지 말자) 정신으로 오늘도 화이팅하고 힘내자. 응원하고 이 책을 적극 추천한다.

서정열(장로, 前 육군3사관학교장, 예비역 육군 소장, CTS인터내셔널 병영선교위원회 위원장, 절절포협회 회장)

초임 군종장교 시절 해안부대 경계근무를 서는 형제들에게 물었다. "군 생활을 다시 하라고 하면 하겠니?" 대부분 "아니요."라고 답했다. "그럼 다시 물어보자. 결혼하고 아들을 낳았어. 그 아들은 군 생활 하도록 하겠니?" 이에 많은 형제들이 "예, 군 생활을 다시 하라면 못하겠지만 아들에게 한 번은 하라고 하겠습니다."라고 답했던 기억이 난다. 대한민국 남자들에게 국방의 의무는 말 그대로 '의무'이다. 그러나 동시에 인생의 그릇을 키우는 특별한 기회이기도 하다.

이 책은 입대를 준비하는 시간부터 훈련소, 부대 배치, 자대 생활과 전역까지 시간의 순서에 따라 걸어 보는 좋은 안내서이다. 평생 수많은 청년들을 군에서 만났던 지혜자들이 사랑의 마음을 담아 정성스럽게 달여 놓은 보약 한 사발 같은 책이다. 입대를 앞두고 막연한 두려움을 가진 청년들에게 훌륭한 매뉴얼과 같은 이 책을 아빠의 마음, 삼촌의 심정을 담아 아들과 조카들의 두 손에 추천한다.

손봉기 (상무대교회 담임목사, 육군 중령)

'군대'라는 답답하고 무질서처럼 보이는 단어를 마치 교통 질서를 책임지는 신호등처럼, 하나님 안에서 질서 있는 군 생활을 하기 위해서 어떻게 해야 하는지 입대 준비부터 훈련소, 자대, 전역까지 구석구석 다부지게 설명한 책이다. 캄캄하고 어두운 동굴처럼 느껴지는 군 입대를 앞두고 있거나 그러한 남자 친구를 둔 독자들에게 이 책을 추천한다.

송연수 (현역 장병 여자 친구)

현재 군 복무 중인 용사들은 우리의 아들이며 한국교회의 미래다. 그러므로 군선교는 해도 되고 안 해도 되는 선택적 사역이 아니라 모든 교회의 필수 사역이다. 이 책은 국가의 부름을 받아 군 복무 중인 크리스천 청년들과 입대를 준비하는 청년들에게 소중한 나침반이다. 크리스천 청년들이 군대에서의 시간을 통해 신앙을 지키는 데서만 끝나는 것이 아니라 하나님을 더 깊이 만나고 내가 만난 하나님을 전우들에게 전하는 믿음의 용사로 세워지길 소망한다.

송태근(삼일교회 담임목사)

이 책은 청년 선교의 중요성을 알면서도 청년 전도는 좀처럼 되지 않는 이 시대에 청년 사역을 중요하게 여긴 저자의 간절하고 애절한 심경을 글로써 담아냈다. 군 생활 가운데 꼭 필요한 내용을 통해 크리스천 청년뿐만 아니라 믿음이 없는 장병들까지도 군 생활을 슬기롭고 지혜롭게 완수할 수 있도록 저자의 경험과 체험을 통해 기술하여 장병들의 병영 생활에 큰 도움을 줄 것이다.

특히 저자는 많은 장병들의 삶을 통해 그들의 실상을 가장 잘 알고 이에 대한 대응책을 연구하고 발표한 것이 인상적이다. 또한 저자는 현직 군선교사로서 사명감과 희생을 바탕으로 장병들의 신앙전력화에 최선을 다하고 있다. 따라서 이 책이 크리스천 장병들뿐만 아니라 군 복무를 하는 모든 장병들에게 꼭 필요한 책임을 자부하며 적극적으로 추천한다.

신동주(목사, 한국기독교군선교사협의회 대표회장)

군대는 다른 말로 하면 선교지다. 즉 선교지에 우리 아들들을 파송하는 것이다. 지금 우리가 할 일은 군대라는 선교지를 바르게 알고 하나님께 기도하는 것이다. 핸드폰이 풀리고 평일 외출이 자유로운 지금, 군 생활에서도 하나님이 주관하시고 오직 하나님만이 우리의 진정한 위로자이심이 이 책을 통해 드러나 군대가 신앙의 터닝포인트가 되길 원한다. 입대하는 청년들뿐만 아니라 현재 복무 중인 고난 속에서 믿음을 지키는 용사들, 군대에 와서 처음 신앙생활하는 용사들, 그리고 기도로 응원하고 있는 용사들의 부모님들께 이 책을 추천한다.

심재란 (권사, 사랑의교회 여호수아 군선교)

한 영혼 그리스도께로, 100만 장병 한국교회로! 이 책은 입대 준비, 훈련소, 부대 배치, 자대 생활, 전역까지 군 생활에 꼭 필요한 실전 노하우를 제시하고 있으며, 군대에서도 여전히 살아 역사하시는 하나님을 만날 수 있도록 돕는 실전서다. '고난을 통과한 모든 이가 성숙해지는 것은 아니지만, 성숙한 사람 중에 고난을 통과하지 않은 이는 없다.'라는 말이 있다. 군 생활은 청년들에게 인생 최대의 고난이다. 하지만 이 책의 핵심은 단순히 고난이 사람을 성숙시키는 것이 아니라, 고난 가운데 함께하시는 예수님을 만날 수 있기 때문에 성숙해진다는 것이다. 이 책을 통해 막막했던 군대의 시간들이 소망의 시간으로 변화되고, 군대에서 하나님을 깊이 만나는 터닝포인트가 되길 기도한다. 입대하는 형제들뿐만 아니라 군대에 자녀를 보낸 부모님들, 군선교의 중요성을 아시고 이를 위해 기도하시는 많은 성도님들께도 추천한다.

오정호 (새로남교회 담임목사, 대한예수교장로회(합동) 총회장)

약 40년의 현역 생활과 전역 이후 군선교의 현장에서 일하면서 젊은 청년들의 눈높이에 맞춘 신앙의 안내서가 귀하다고 생각했는데, '광야와 같은 군생활'의 올바른 방향을 잡아 주는 책이 새롭게 개정 출간되니 너무나 기쁘다. 이 책은 신앙을 갖고 있는 청년들이 입대하기 전에 무엇을 준비하고, 입대한 이후에는 훈련소와 자대에서 크리스천으로서 어떻게 믿음을 지키고 성장하면서 그리스도의 향기를 뿜어낼 수 있는가에 초점을 맞추고 있다. 각 주제별로 꼭 맞는 하나님의 말씀은 물론 다양한 간증과 현장 경험 등을 진솔하고 간결한 문체로 기술하고 있어 누구나 쉽게 이해할 수 있다. 특별히 이 책은 육군 병사로서 의무복무 후 군선교사로 활동 중인 '신앙의 전문가'와 해병대에서 고급장교로서 오랫동안 신앙을 지도했던 '군선교의 전문가'가 연합하여 출간했기 때문에 그 의의와 깊이가 남다르다. 이 책을 읽은 청년들은 군 생활 동안 더욱 단단한 신앙을 갖게 되어 '생활반으로 옮겨 심어진 믿음의 씨앗'으로서의 사명도 능히 감당할 수 있을 것이다. 그러기에 군 입대를 앞둔 청년들에게 이 책은 '하나님의 또 다른 큰 선물'이 될 것이라고 저는 확신한다.

위승호(장로, 예비역 육군 중장, 前 국방대학교 총장)

군대 맞춤형 잠언! 크리스천 군인들이 방황하지 않도록 올바른 방향을 알려 주시는 하나님의 간절한 마음이 책을 읽는 내내 느껴졌다. 기독교 정신으로 군 생활을 잘 이겨 내고 참다운 그리스도인이 되시길 응원한다.

윤승환(해군 중위)

이 책은 전방부대 여단교회에서 신실하고 열정적으로 군선교 사역을 하시는 이은성 목사님과 31년 동안 군 생활을 하며 청년들을 믿음으로 일깨우는 사역에 헌신하신 주종화 목사님이 입대하는 청년들에게 신앙적으로 제안하는 글이다. 군 생활이 인생의 공백기가 아니라, 인생에 있어 영적·육적으로 전인적인 차원의 전환점이 되는 기회로 삼을 것을 제안한다. 그런 면에서 청년들에게 군 생활의 가이드가 되기에 충분하리라 믿어 의심치 않는다.

군선교 사역은 한국교회의 심장부와 같은 사역이다. 이 땅의 미래 세대이고, 동시에 한국교회를 이끌어 갈 다음 세대 선교의 중심추가 되는 사역이기 때문이다. 지금도 연간 수만 명의 청년들이 진중에서 세례(침례)를 받으며 청년 선교의 결실을 맺고 있는 현장이 군선교 현장이다. 또한 세계 어느 곳에서도 찾아볼 수 없는 결실의 현장이기도 하다. 최근 군 장병들의 숫자 감소, 병역 기간 축소, 부대 내 핸드폰 사용 등 여러 요인들로 예전처럼 활발한 군선교 사역은 쉽지 않다. 그럼에도 불구하고 그리스도의 복음을 청년들에게 가장 강력하게 전할 수 있는 황금어장이 군선교 현장이기에 결코 포기할 수 없다. 이 책이 입대하는 청년들에게 두렵고 힘들기만 할 것 같은 군 생활이 아니라, 패러다임을 바꿔 하나님의 인도하심을 기대하고 제대로 준비해 승리하도록 돕는 군 생활 가이드북이 되길 소망한다. 아울러 한국교회 모든 분들이 군선교 사역에 마음을 모으고 힘을 합쳐 다시금 청년 선교에 부흥을 꿈꿀 수 있는 계기가 되기를 바란다.

이정우(목사, 前 육군 군종감, 예비역 대령, 한국기독교군선교연합회 사무총장)

익숙하던 집을 떠나 처음 보는 사람, 상황, 심지어 처음 겪는 계급사회인 군대에 아들을 보내는 부모의 심경은 모두 같을 것이다. 아직도 홀로 군에 들어가는 아들의 뒷모습이 눈에 선하다. 신학생인 막내아들을 군에 보내며 광야와 같은 그곳을 위해 제가 할 수 있는 일은 오직 '기도'였다. 제 기도의 응답은 저자 중 한 분이신 이은성 목사님이셨다. 코로나로 인해 휴가와 외출이 어려웠던 2022년, 세상과의 문이 막힌 것 같은 그때, 하나님은 그분의 방법으로 광야와 같은 그곳에서 만남의 축복을 허락하셔서 목사님과 동역자를 만나 아들의 믿음이 더욱 견고해지는 과정을 지켜보게 하셨다. 하나님이 하셨다. 이런 하나님의 기적 같은 일하심이 군선교를 통해 끊어지지 않길 바라며, 이 책을 읽으시는 모든 분들께도 동일한 하나님의 은혜가 있기를 바란다. 마지막으로 이은성 목사님과 군선교를 위한 중보와 관심을 부탁드린다.

임명숙(열린하늘문교회 집사, 전역 장병 김지우의 어머니)

광야를 지날 때, 반드시 필요한 것은 나침반이다. 방향을 잃으면 광야에서 방황하다 죽기 때문이다. 이 책은 군대라는 인생의 광야를 통과하는 용사들이 안전하게 광야를 통과할 수 있도록 돕는 나침반 같은 책이다. 용사들에게 안락한 집을 떠나 입대하여 전후방 각지에서 훈련, 작전, 경계 등 임무를 수행하는 것은 쉬운 일이 아니다. 또한 처음 만난 사람들과 한방을 쓰고 24시간 동고동락하는 것은 더 어려운 일이다. 함께하지만 외로움이 공존하는 군생활 가운데, 여전히 나와 함께하시며 일하시는 하나님을 발견하고 참된 인생의 목적과 방향을 찾고자 하는 청년들에게 이 책을 추천한다.

임흥옥(분당전하리교회 담임목사, 더웨이군선교단 대표, 총회군선교회 증경회장)

영화 "몽골"을 보면 인상적인 장면이 하나 나온다. 사로잡혀 온 패장이 테무진(칭기즈칸)에게 질문한다. "모든 몽골 사람들은 번개를 무서워하는데 당신은 어떻게 번개를 무서워하지 않았습니까?" 테무진의 대답이다. "내겐 더 이상 숨을 곳이 없었다! 맞서니 더 이상 두렵지 않았다!" 대한민국의 건강한 남자라면 군 복무를 피할 수 없다. 맞서는 용기가 필요하다. 여러분이 이 책을 만난 것은 큰 행복이다. 31년간 군 지휘관 생활을 한 예비역 대령 주종화 목사와 군인교회에서 복음을 전하고 있는 군선교사 이은성 목사가 함께 쓴 이 책은 여러분에게 두려움 없이 군 복무에 맞서도록 돕는 GPS 역할을 해 줄 것이다. 특히 주 목사는 오랜 군 생활에서 경험한 병사들의 고충에 대한 이해를 바탕으로 막막함과 무의미해 보이는 군 복무에 활력을 불어넣어 주는 믿음의 GPS가 되어 줄 것이며, 이 목사는 현역 군 복무 경험을 바탕으로 실제적인 기독 군인들의 군 생활을 자상하게 안내해 줄 것이기 때문이다.

조성재(목사, 3630부대 원천교회 정년퇴임 군선교사, 총회군선교사회 11대 회장)

대한민국의 건강한 청년들은 반드시 가야 하는 입대를 앞두고 불안하고 초조한 크리스천 청년들에게 이 책을 추천한다. 31년간 군 생활을 한 해병대 출신의 청년 사역자 주종화 목사님과 군선교사이자 다음 세대 사역자이신 이은성 목사님의 현실적이면서도 구체적인 조언과 믿음의 권면이 주님의 은혜와 평안 가운데 군 생활을 하도록 도울 것이다. 사도바울이 믿음의 아들 디모데에게 부탁한 "너는 그리스도 예수의 좋은 병사로 나와 함께 고난을 받으라 병사로 복무하는 자는 자기 생활에 얽매이는 자가 하나도 없나니 이는 병사로 모집한 자를 기쁘게 하려 함이라"(딤후 2:3-4)는 말씀처럼 주님께서 청년들을 만나기 위해 먼저 군대에 가 계신다. 기도하고 준비한 자들에게 입대는 주님을 기쁘시게 하는 은혜의 자리로 나아가는 아름다운 파송식이 될 것이다.

홍상표(겨자씨교회 담임목사, 병영문화네트워크 대표)

프롤로그 | 입대 날짜를 앞두고 초조해하는 청년들에게

"괜찮아요. 남들 다 가는 군대인데요 뭘…." 입대 날짜를 받아 든 너는 안부와 염려의 인사를 건네는 사람들에게 이렇게 말하며 쿨하게 웃었지. 하지만 어쩔 수 없이 긴장되는 마음을 매번 감추기는 쉽지 않을 거야.

이제 막 대학에 들어가거나 사회생활을 하게 된 시작하는 청춘들에게 군대라는 곳은 피할 수만 있다면 피하고 싶은 곳이 되었다는 것을 잘 알고 있다. 뉴스에서는 잊을 만하면 한 번씩 군대에서 벌어지는 끔찍한 사건 사고와 비리 소식들을 전하니, 군대에 갈 당사자는 물론이고 부모들의 심정 또한 편치 않으리라 생각한다. 군대에 대한 신뢰가 점점 더 바닥을 치고 있는 듯하다.

청년들은 군대를 외면한 지 오래고, 자신들의 인생 계획에서 아예 빼

버리고 싶은 걸림돌이 되어 버린 듯해. 그럼에도 여전히 매년 30만 명의 청년들이 군대에 가고 있단다. '군에 가서 잘못되면 안 되는데….'라는 염려와 불안감을 안고 말이야.

군대는 무수한 보물이 쌓인 동굴임을 알아야 한다

그런데 말이다. 그곳에서 오랫동안 생활해 온 나는 이런 생각을 해 봤다. 군에 가는 것은 어쩌면 커다란 동굴에 들어가는 것과 같다는 생각 말이다. 어둠이 새까맣게 깔리고, 와이파이도 안 터지는(너희들은 인터넷이 안 되면 무척 불안해하지), 외부와 단절된 미지의 동굴 속으로 혼자서 뚜벅뚜벅 들어가야 하는 너는 당연히 두려워할 만하다.

나는 아무런 희망도 없어 보이는 그 동굴 속에서 오랜 기간 살며 곳곳을 돌아보았고 많은 사람들을 만났지. 그런데 그들을 보면서 '여기 들어온 청년들이 조금이라도 믿음의 준비를 하고 발을 디뎠다면 하나님께서 동굴 속에 숨겨 두신 무수한 보물들을 찾을 수 있었을 텐데…'라는 안타까움과 확신을 갖게 되었단다. 동굴에 들어오면 물론 힘든 여러 과정을 통과해야 하지만, 이를 통해서 늠름한 모습으로 변해 가는 청년들도 많이 지켜보았기 때문이다.

이미 오랜 시간 군대라는 동굴 속을 걸어 본 선배로서 내가 너희들에게 해 주고 싶은 말은 단 한 가지란다. "강하고 담대하라!"

우리가 잘 알고 있는 성경 속의 청년 다윗이 하나님을 욕하는 골리앗에게 겁도 없이 돌멩이를 던져서 한 방에 쓰러뜨리는 이야기는 언제 들어도 정말 통쾌하다. 나는 이 이야기를 통해 군에 있는 크리스천 청년들과 입대를 앞둔 청년들이 그리스도의 군사답게 전투에 늠름하게 서는 모습을 떠올려 봤어.

비록 크리스천이든 아니든 억지로 끌려가듯 군 입대를 하는 상황에서 골리앗은 고사하고 평범한 신앙을 지키는 것조차 벅찬 현실이지만, 군대에 가서 더욱 믿음이 견고해져 돌아오는 다윗 같은 청년이 많아지길 기대하고 또 기대한다.

이 책이 하나님의 신호등이 되기를

'군대란 어떤 곳인지, 군대에서도 교회를 갈 수 있기나 한 건지, 교회에 간다고 괴롭힘을 당하는 것은 아닌지….'

나는 이 책을 통해서 크리스천 청년들이 군대라는 동굴을 지날 때 참고가 될 만한 하나님의 신호등을 달아 주고 싶었다. 인터넷을 검색해도 시원스레 나오지 않는 답변들, 주변을 둘러보아도 성심성의껏 말해 주는 사람이 없어 답답해하는 너에게 조심해야 하고, 자칫 실수할 수 있는 부분들은 무엇인지, 하나님께서 배치해 놓으신 보물들을 어떻게 구별하고, 보고, 찾아낼 수 있는지 안내판 역할을 해 주고 싶었다.

맑고 강한 신앙을 가졌던 청년들이 군대를 거치면서 영적 에너지는 고갈되고 현실과 세상 문화에 오염된 채 사회로 돌아오는 것을 보며 무척 안타까웠기 때문이야.

우리가 어디를 가든 하나님께서 먼저 가 계시고, 또 예수님께서 동행하신다는 확신을 가지면, 내적으로 강한 힘과 자신감이 솟구쳐 오른단다. 그러면 담대하게 요단강을 건너 가나안을 정복해 들어간 여호수아와 갈렙처럼, 기드온의 300군사들처럼, 그리고 골리앗을 무너뜨린 청년 다윗처럼 하나님을 위한 거룩한 용기를 기르고 담대하게 성장할 수 있다고 너에게 꼭 이야기해 주고 싶었다.

입대가 얼마 남지 않은 너에게 그리고 군 생활을 이미 하고 있는 사람들에게 이 책이 조금이나마 도움이 되기를 간절히 바란다.

믿음을 가진 크리스천으로서 군에 가서 동료들과도 잘 지내면서 힘겨운 훈련을 무사히 이겨 내고 밤을 지새우며 이 나라를 든든하게 지켜가기를 바란다. 우리도 너를 위해, 그리고 군복을 입고 있는 모든 청년을 위해 늘 기도할 것을 약속한다.

크리스천 청년들이여, 강하고 담대하라!

2015년 12월
하나님의 신호등을 달아 주고 싶은 선배가

개정판 프롤로그 | 다시 승전고를 울려 주기를

2015년에 『크리스천 청년들의 군대 톡톡』 초판이 나온 후, 독자들로부터 전해진 수많은 소식들은 왜 이 책이 필요했는지를 알기에 충분하고도 넘쳤다. "이 책을 읽고 입대했고, 군에 가 있는 동안 열심히 성경 읽으라는 것에 꽂혀서 저는 네 번 읽고 전역했습니다. 감사합니다."라는 독자도 있었다. 군대 가기 싫다는 한 청년에게 담당 전도사가 책을 선물하면서 같이 읽었는데, 다 읽고 나서 마음을 다잡고 무사히 다녀왔다는 소식도 들렸다. 군에 자식을 보낸 한 어머니는 자신이 먼저 읽고 나서 아들의 입대에 대한 막연한 걱정과 염려는 다 내려놓고 오히려 "아들이 군에 있는 동안 하나님을 만나고 돌아오도록 기도했어요."라는 인사를 전해 오시기도 했다.

백령도에서 근무하는 군종 목사님은, 군 교회가 없는 인근의 대청도와 소청도에서 근무하는 병사를 몇 달에 한 번씩 심방할 때, 이 책들을 짊어지고 가서 선물로 주며 힘을 내도록 격려하는 좋은 도구가 되었다면서 감사를 전해 주었다. 한 크리스천 장교(집사)는 진급에 감사하는 마음으로 발령을 받아서 간 군 교회에 수십 권의 책을 구매해서 장병들에게 선물했다는 자랑(?)도 전해 주었다. 한 장교는 "당직 근무를 하면서 틈틈이 밤새 읽었습니다. 이따금 책장을 덮고 울었습니다. 감사합니다. 신앙인으로 잘살겠습니다."라는 소감의 문자를 남겨 주기도 했다. 직업군인을 소망하면서 대학에 다니던 한 학생은 책을 통해 나를 만났고, 신앙이 없던 상태에서 복음을 받아들였고, 임관한 후에는 자신의 부대에 오는 병사들에게 기쁜 마음으로 책을 선물하는 것으로 하나님의 은혜를 갚고 있다는 소감을 전해 주었다.

  초판이 나온 후 시간이 제법 흘렀다. 그사이에 입대하는 장병들의 삶의 방식도 많이 달라졌다. 복무 기간도 줄었고, 병사들에게 주어지는 자율적인 시간은 훨씬 더 많아졌고, 핸드폰을 자유롭게 사용하고, 외출과 외박에 대한 환경도 한층 더 자유로워졌다. 이런 상황에 맞게 예배 환경도 많이 변했다. 예배에 참석하는 장병들에 대한 지원은 더 풍성해졌고, 수요 예배 시간이 수요일 낮 시간으로 변경되었다. 예배 환경에서 가장 큰 변화는 '코로나-19'였다. 코로나 이후, 군 교회의 출석자들은 급격히 줄었다. 하지만 한국교회의 희망이 청년세대에게 있음을 알고 있다면, 한국교회와 성도들은 입대하는 청년들에 대한 관심을 멀리할 수 없다.

군대에 있는 크리스천 청년들을 볼 때, 삶에 열정을 가지고 확신에 찬 모습, 자신감이 묻어나는 아름다운 미소로 힘 있게 걸어 나가는 모습이 너무나도 보기 좋았다. 디지털 군복을 깔끔하게 입은 그들이 어깨를 활짝 펴고 씩씩한 목소리와 멋진 동작으로 보여 주는 넘치는 활력도 주변 사람들에게 밝은 미소를 짓게 만들어 준다. 예배 때마다 목소리를 모아 하나님께 올려 드리는 우렁찬 찬양의 목소리는 성경에서 말하는 "많은 물 소리"와 같은 감격과 감동으로 우리의 심령을 깨우도록 울려 퍼진다. 건강한 크리스천 청년들을 만날 때마다 마음속 깊이 우러나오는 박수와 응원을 감출 수 없다.

크리스천 청년들을 생각할 때마다 가슴이 설레며, 한국교회의 미래에 소망을 둘 수 있는 것은 이들이 예수 그리스도의 빛을 가슴에 품고 살아가면서 경험하게 될 하나님의 능력을 기대하기 때문일 것이다. 또한 이들이 전역 후에 더욱 성숙한 제자로서 한국교회의 곳곳에서 각자의 사명을 다할 것을 미리 볼 수 있기 때문이다.

곧 입대를 앞둔 당사자들은 아직 경험하지 못한 군대를 생각하면, 문득문득 감정을 파고드는 불안과 두려움을 느낄 것이다. 그럴수록 하나님께서 각자에게 주신 거룩하고도 위대한 용기를 잃어버리지 않고 더욱 견고하고 단단하게 마음을 다잡을 수 있다는 것도 하나님께서 주시는 은혜이다. 하나님께서 나의 손을 잡고, 내가 가는 걸음걸음에 함께하신다는 믿음은 크리스천 청년들만이 가질 수 있는 확신이 되고, 우리만이 지어 보일 수 있는 자신감 넘치는 미소가 될 것이다. 군대 안에서 만났던 많은 크리스천 청년들의 모습이 그러했다. 군대를 거치면서 분별력 있고 성숙한 제자로 성장하는 모습에 대견한 마음을 금할 수 없다.

한국교회와 성도들은 한마음으로 이들을 응원하고 격려해야 할 충분한 이유와 가치가 있다. 그들이 더욱 강한 크리스천 용사로 성장하도록 도우면서 한국교회의 마중물이 되도록 손을 잡아 주어야 한다. 소망의 씨앗을 청년들과 다음 세대에게 뿌리자. 그들이야말로 생명을 살리는 빛의 도구로 이 시대를 살아가며 한국교회를 건강하게 지켜 나갈 주인공들이기 때문이다.

개정판에서는 장병들의 믿음을 위해 일선에서 헌신하시는 군선교사 이은성 목사가 함께했다. 초판에 없던 '중간 점검—육각형 믿음의 용사'의 내용을 추가해 입대하는 장병들에게 필요한 균형 감각을 점검해 볼 수 있도록 했다. 이 외에도 각 장의 내용 중에 제도적으로 변경된 부분들을 매끄럽게 다듬어 주었다.

개정판을 내면서 한국교회의 미래가 청년들에게 있음을 확신한다. 지금도 대한민국을 지키기 위해 대한민국의 산하, 바다와 공중에서 수고하는 모든 장병을 축복한다. 그들의 발길이 닿는 곳마다 하나님의 은혜와 승리가 함께하기를 기도한다.

2024년 7월
주종화 목사

Contents

추천사 4
프롤로그 입대 날짜를 앞두고 초조해하는 청년들에게 14
개정판 프롤로그 다시 승전고를 울려 주기를 18

1장 입대 준비 입대를 디자인하라

군대, 제대로 붙어 보자 · 28
믿음의 GPS를 작동시켜라 · 32
믿음의 선택이냐, 낙심의 선택이냐 · 37
크리스천의 입대 매뉴얼 · 41
군대, 하나님이 먼저 가 계신다 · 46
하나님과 일대일로 만나는 기회가 열렸다 · 50
입대 분위기, 축제가 될 수는 없을까? · 54
아름다운 파송식 입대 · 57
꼭 알아야 할 군대 톡톡 : 크리스천 군인들의 열 가지 다짐 · 60
선배 톡톡 : 우선순위를 신앙에 두라 · 62

2장 훈련소 새로운 신분, 삶이 달라진다

훈련소, 옷을 갈아입다 · 66
누군가가 미워지기 시작한다면 · 69
사랑 같은 우정은 나를 견디게 한다 · 73
예배, 참된 안식을 누려라 · 78
나를 낮게, 남을 낫게 · 81
망하는 최고의 방법, 교만 · 86
하나님이 보내신 곳이 내가 있을 자리 · 89
꼭 알아야 할 군대 톡톡 : 군대에서 무엇을 위해 기도할 것인가? · 92
선배 톡톡 : 가장 빡센(?) 소대에 나를 배치하신 하나님 · 94

3장 부대 배치 첫 단추를 잘 끼우라

첫 승부, 신분을 드러내라 · 98
3개월, 승부수를 던져라 · 103
주일 성수, 반드시 사수하라 · 107
하나님이 보내 주신 위로의 종 – 군종장교, 군선교사 · 112
하루에 한 가지씩 손해 보기 · 117
담배와 술, 진정한 위로일까? · 121
일병, 6개월간의 고된 시간 · 127
휴가 사용 계획서 · 132
꼭 알아야 할 군대 톡톡 : 의미 있는 휴가를 보내는 방법 · 136
선배 톡톡: 사랑한다, 아들아! · 138

4장 자대 생활 군화 끈을 바짝 조여라

빠지기 쉬운 네 가지 함정, ① 잘난 척하지 마라 · 142
빠지기 쉬운 네 가지 함정, ② 고민거리를 어떻게 처리할 것인가? · 144
빠지기 쉬운 네 가지 함정, ③ 성적인 유혹을 조심하라 · 146
빠지기 쉬운 네 가지 함정, ④ 분노를 조절하라 · 151
간절함이 하나님을 향한 안내판이 된다 · 153
사랑을 품으면 할 일이 보인다 · 158
성경을 다독할 수 있는 절호의 기회를 놓치지 마라 · 162
게으름, 지독한 저격수 · 169
연합하라, 혼자서는 버티기 힘들다 · 176
꼭 알아야 할 군대 톡톡 : 군대에서 성경 읽기, 이렇게 해 보자 · 180
선배 톡톡 : 군대의 사춘기 시절, 군대 자아를 찾다 · 182

5장 중간 점검 육각형 믿음의 용사

정체성, 나는 누구이고 여기는 어디인가? · 186
섬김, 코너스톤(cornerstone) · 190
관계, 군대에서 무엇이 가장 힘들까? · 194
예배, 신앙인의 용기 · 198
성숙, 두려움의 반대말 · 202
사명, 기다림의 열매 · 206
꼭 알아야 할 군대 톡톡 : 육각형의 신앙 체크리스트 · 210
선배 톡톡 : 선배 용사들의 고백 · 212

6장 전역을 앞두고 깨워라, 거룩한 용기

상병 이후, 수고와 섬김이 더욱 빛난다 · 216
전도, 하나님의 기막힌 타이밍을 기대하라 · 220
하나님은 이곳에서도 우리의 기도를 들으신다 · 228
선임일수록 사랑의 씨앗을 심어라 · 233
마지막까지 행복한 계절이 되기를 원한다면 · 236
청년 다윗의 거룩한 용기를 지녀라 · 239
군대라는 최고의 코스를 거친 그대들을 축복하며 · 243
꼭 알아야 할 군대 톡톡 : YES 대인배, NO 거부 · 246
선배 톡톡 : 그리스도의 향기가 나는 복의 방향제 · 248

부록 군대에서 힘이 되는 말씀 30선 · 250
어머니를 위한 어느 훈련병의 기도 · 253

1장

입대 준비
입대를 디자인하라

군대, 제대로 붙어 보자

"이번 주에 군에 가는 청년이 있습니다."

내가 섬기는 교회에서는 청년들이 입대할 때마다 예배 시간에 특별한 순서를 가져 왔다. 성도들과 함께 입대하는 청년들을 축복해 주고, 그가 건강한 모습으로 다시 돌아올 때까지 기도해 주는 것이다.

목사님은 청년의 머리에 손을 올려놓고 군에서도 신앙생활을 잘하다가 건강한 모습으로 돌아오게 해 달라고 하나님께 기도드렸다. 성도들도 함께 기도했고, 이때 형제의 어머니는 곁에 서서 눈물을 흘렸다. 자식을 군에 보내는 심정이야 이루 말할 수 없을 것이다. 그나마 마음이 어려운 가운데서도 감사한 것은 하나님을 신뢰하고 그분께 맡기는 신앙이 있기 때문이다.

목사님은 청년들이 입대할 때마다 당신이 군에 입대할 때 하나님께 크게 힘을 얻었던 말씀인 여호수아서 말씀을 성경책에 붙여서 선물로 주었다.

"이 율법책을 네 입에서 떠나지 말게 하며 주야로 그것을 묵상하여 그 안에 기록된 대로 다 지켜 행하라 그리하면 네 길이 평탄하게 될 것이며 네가 형통하리라 내가 네게 명령한 것이 아니냐 강하고 담대하라 두려워하지 말며 놀라지 말라 네가 어디로 가든지 네 하나님 여호와가 너와 함께 하느니라 하시니라"(수 1:8-9).

청년은 조용한 성격이지만, 내면은 알곡이 꽉 차 있었다. 오히려 마음 아파하는 어머니를 위로하면서 자신이 없는 동안 신앙생활을 잘하라며 의젓하게 당부까지 할 정도였다. 어머니는 아들이 군에 가고 나면 한동안 허전할 것이다. 어머니들은 그렇다고 한다. 자식이 없으면 입맛도 없어지고 편히 쉴 수도 없다고 한다.

입대 전날, 청년을 만나서 심정이 어떤지 물었다. 군대 가서도 믿음생활을 잘해 나갈 것을 당부할 겸 꺼낸 질문이었다. 그의 대답은 담담했다. "다 사람 사는 곳인데 죽기야 하겠어요?"라며 가볍게 웃어넘겼다. 어쩌면 지금 입대하는 청년들의 평범한 모습일 것이다.

입대를 결정한 순간부터 일단 삶의 긴장도가 풀린다. 대학을 다니던 형제들의 경우, 휴학을 한 상태이고, 구체적인 입대 날짜가 나오기까지 공부도 안 되고, 용돈 벌이 아르바이트도 손에 안 잡힌다. 그리고 살짝 걱정이 되면서, 이왕 가는 것 빨리 갔으면 좋겠다는 생각에 입대 날짜를 지루하게 기다리게 된다. 일단 군대에 갔다 와야 다음 계획을 실행할 수 있으니 크게 일을 벌일 수도 없다.

하루하루 입대 날짜가 가까워지면서 문득 염려가 마음을 두드린다. 뭐라고 꼭 집어서 표현할 수는 없지만 마음이 묵직하다. 그때마다 "아무 생각 없이 갔다가 시키는 대로 살다 오자."라는 말로 염려를 마음속에 구겨 넣는다. 혹시나 해서 군에 있는 친구들에게 이런저런 이야기를 들어 보지만 아직 막연하다. 몸으로 부딪치지 않았기 때문에 피부에 와닿지도 않는다. 속 시원한 답도 얻지 못하고 있다.

그러나 염려만 하고 있을 일은 아니다. 모드를 바꿔 보자. 우리는 크리스천이다. 예수 그리스도를 나의 구주로 믿고, 구원을 얻었으며, 그분의 십자가에서의 죽으심과 부활의 은혜로 새로운 생명을 받은 존재다. 마음을 다시금 추스르자. 염려하면서 준비 없이 맞서는 것은 지혜로워 보이지 않는다. 우리에게는 다른 사람과 달리 하나님에 대한 믿음이 있지 않은가. 그러니 염려하지 말자.

존 맥아더가 쓴 『자족 연습』에서는 들꽃과 참새의 재미있는 대화가 소개되고 있다.

들꽃이 참새에게 물었다.
"인간들은 왜 그렇게 염려가 많을까? 난 정말 궁금해."
참새가 들꽃에게 대답한다.

"인간들에게는 너와 나를 돌봐 주시는 하나님이 없나 봐."

　들꽃과 공중의 새도 하나님이 먹이시고 입히시는데, 우리 인간을 그냥 두시겠는가? 군대에 대해서도 마찬가지다. 염려는 시작도 하지 말자. 움츠러들지 말자. 현재로서는 막연하고 아무것도 손에 잡히지 않겠지만, 하나님이 나를 잘 알고 계시고, 나와 함께하신다는 확신을 가지고 마음가짐을 새롭게 하자. 입대를 차분하게 준비하며 기억하자. 군 생활을 하는 것도 우리가 지금까지 해 온 믿음 생활의 연장선이다. 자칫 약해진 마음에 예수님의 가르침을 삶 속에서 적용하는 모습까지도 약해지면, 크리스천으로서 세상에 미치는 영향력도 약해질 것이다.

　입대를 앞둔 크리스천 청년들은 어쩌면 청년으로 성장한 후 꽤 큰 장벽이자 마음의 짐이 되며, 자신의 신앙을 처음으로 적용해 볼 만만치 않은 상대를 만난 것이다. 그러니 신앙의 용기를 가지고 제대로 붙어 보자.

믿음의 GPS를 작동시켜라

"지금보다 훨씬 많은 돈을 줄 테니 벽돌을 한 곳에서 다른 곳으로 옮겨서 쌓는 일을 계속 반복하라."고 한다면 대부분의 사람들은 어느 정도 하다가 결국은 포기하고 만다는 실험 결과가 있다. 의미 없는 일은 큰돈을 받더라도 사람을 만족시킬 수 없음을 증명해 낸 실험 결과다. 그만큼 사람은 의미 없음을 못 견딘다. 이런 결과를 이용한 대표적인 곳으로 사회주의 국가의 수용소가 있다. 이곳에서 벌어지는 의미 없는 육체노동은 인간의 존엄성에 해를 가하는 가혹한 형벌이 아닐 수 없다. 그런데 크리스천들은 의미 없음에 더욱더 민감할 수 있다. 아마도 현대인들이 가장 두려워하는 것은 '의미 없는 삶을 살았다.'라고 스스로 확인하는 순간일 것이다. 어찌보면 당연한 이야기다. 지나 보니 헛살았다는 사실만큼 힘 빠지는 일은 없을 것이다.

크리스천으로서 군에 입대하는 청년들은 기본자세가 남달라야 한다. 하나님은 우리가 군 생활을 하는 동안 의미 있는 삶을 살기 원하시며, 신자로서 분명한 목적의식을 가지고 살아 내는지에 주목하고 계신다.

한 청년의 이야기다. 베이스기타 연주를 참 좋아하는 형제였다. 그의 입대 날짜는 청년부 여름 수련회가 끝나고 며칠 뒤였다. 수련회 기간 내내 군 입대 때문에 긴장한 마음을 감추려고 애쓰는 눈치였다. 3일간의 수련회를 마치고 돌아오는 차 안에서 기분이 어떤지 물었다. 그는 이렇게 답했다.

"처음에는 진짜 군대 가기 싫었어요. 다 싫었어요. 수련회 올 때도 고민이 됐어요. '그냥 수련회 가지 말고 집에서 놀아 버릴까?'라는 생각도 했어요. 그러다가 그래도 수련회는 가야 한다는 생각에 참가했고, 수련회 내내 많은 생각을 했어요. 그리고 제 스타일대로 마음을 정했어요. 어차피 갈 건데요. 저는 군에 가면 전도하겠다고 목표를 정하고 기도도 했어요. 성경도 그동안 못 읽었으니까 읽어 보려고요. 수련회 동안 그게 제일 생각났어요. 그런데 제가 많이 부족하고, 용기도 없는 상태고, 군대라는 곳은 아직은 말로만 들어서 잘 모르니까 믿음 생활을 같이할 사람을 군에서 꼭 만났으면 좋겠어요. 그것을 위해 기도해 주세요."

그의 이야기를 듣고 속으로 놀랐다. 마음이 든든했다. 곁에 있던 청년들이 격려하며 박수해 주었다. 어릴 때부터 교회에서 쭉 봐 왔고 그저 어린 줄만 알았는데, 나름대로 군대를 가면 어떻게 신앙생활을 할지에 대한 방향을 정했던 것이다. 거기까지 마음을 먹는 동안 고민도 생각도 많았겠지만, 믿음의 한 걸음을 스스로 내디딘 것이었다.

그가 다음 걸음을 자신 있게 내딛는 모습을 보면서 보이지 않던 유혹을 끊어 버리고 자유를 얻었다는 사실을 칭찬해 주고 싶었다. '대충 하다 오면 그만이다.'라는 사탄의 속삭임을 과감히 물리치고 하나님이 원하시는 모습을 방해하는 고리를 끊어 버린 것이니 칭찬받아 마땅하다.

에이브러햄 링컨이 '노예 해방령'에 서명을 한 후 법으로 공포된 후에도 수많은 사람들이 두려움과 무지 속에서 계속 노예로 살아갔다. 법적으로 완전히 해방되었는데도 그들은 자유라는 개념을 몰랐기 때문에 여전히 노예 상태에 머물러 있었던 것이다.

어쩌면 우리도 수십 년간 '군대는 어쩔 수 없이 끌려(?)가는 곳'이라는 분위기에 사로잡혀 피동적인 고리에 붙잡혀 있었는지도 모른다. 그런데 그 청년은 스스로 그 고리를 끊어 버리고 하나님이 부탁하신 일에 대해 눈을 뜨게 된 것이다. 크리스천으로서의 자유를 가지고 당당하게 그 어려운 현실을 이겨 나가기로 했던 것이다.

어차피 군에 가야 하는 상황, 축 처져서 지내지 말자. 군에서의 시간도 하나님이 나에게 주신 시간임에 틀림없다. 결코 버려지는 시간이 아님을 깨달아야 한다. 요셉은 감옥에서 생활할 때도 하나님이 함께하심으로 형통했다. 자유는 감옥에 있든지 군에 있든지 상관없이 주어진 것이다. 누구에게든 얽매이지 않고 크리스천으로서 영적인 자유를 간직하는 것이 중요하다.

군 입대를 앞둔 크리스천 청년들이여, 지금 당장은 답답하겠지만 툭 툭 털어 버리고 방향을 제대로 잡자. 믿음의 방향을 정하는 순간, 복된 첫걸음을 내딛게 될 것이라 확신한다. 그것은 마치 파도가 세차게 몰아치는 바다 위를 둥실둥실 떠다니던 작은 배가 드디어 강력한 모터를 작동시키며 거센 파도를 헤치고 목표를 향해 힘차게 나아가는 모습을 연상시킨다.

믿음의 첫걸음을 내디뎠다면, 하나님의 뜻을 헤아리는 의미 찾기와 목적의식을 일깨울 수 있다. 믿음의 사람에게는 독특하게도 '믿음의 GPS'라는 것이 있다. 사실 이 기능이 있다는 것을 알면서도 대부분 끄고 살기 때문에 제대로 활용하지 못하고 있다.

지금 군 입대를 앞둔 상태에서 믿음의 GPS를 켜 보자. 하나님이 군 입대에 대해 우리에게 정확한 길을 안내해 주고자 보내시는 신호가 있을 것이다. 이를 잡아내야만 한다. 우리 안에 믿음의 GPS를 켜는 순간, 그동안 안개에 묻혀 잘 보이지 않던 길이 환하게 보이듯 내 안의 성령님을 통해 다음과 같은 묵상의 내용이 전해져 오며 생각을 정리할 수 있게 될 것이다.

'군에 가는 나에게 하나님이 원하시는 것은 무엇일까?'
'그곳에도 나에게 맡겨 주신 작은 일들이 있지 않을까?'
'어떻게 지내는 것이 하나님이 기뻐하시는 모습일까?'
'배치 받은 곳에 가면 나와 함께할 믿음의 친구가 있지 않을까?'
'그 가운데 나에게 가르쳐 주시는 교훈은 무엇일까?'

하나님과 신호를 주고받으면서 은밀한 교제를 나누다 보면 신비롭게도 우리의 마음이 평안으로 가득해지고, 마음속에 결단할 각오와 기도 제목들이 생겨날 것이다. 그리고 하나님께 감사하는 마음이 몰려오면서 그동안 자신을 감쌌던 우울한 감정들이 사라지는 것을 느끼게 될 것이다.

믿음의 선택이냐, 낙심의 선택이냐

민수기에는 모세가 가나안 땅을 살펴보기 위해 정탐꾼 12명을 보내는 장면이 나온다. 이미 하나님이 허락하신 땅이라서 확인하고 접수만 하면 되는데, 정탐꾼들 대부분은 하나님이 보내시는 신호를 잡아내지 못했고 자신들의 경험과 감각만을 신뢰했다. 그들이 정탐 후 내린 결론은 황당하게도 지도자를 갈아 치우고 다시 이집트로 돌아가 노예의 삶을 살자는 것이었다. 그들은 하나님의 계획을 알아볼 생각도 하지 않았고, 하나님이 허락하신 가나안 땅에 대한 소망도 보지 못했다.

하지만 다행히도 이스라엘 백성들에게는 여호수아와 갈렙이라는 멋진 하나님의 사람들이 있었다. 그들은 믿음의 GPS를 켜고 하나님의 신호를 잡아 길을 제대로 찾고자 했다. 민수기 14장 6-9절에서 두 믿음의 용사가 보고하는 장면을 볼 수 있다.

"그 땅을 정탐한 자 중 눈의 아들 여호수아와 여분네의 아들 갈렙이 자기들의 옷을 찢고 이스라엘 자손의 온 회중에게 말하여 이르되 우리가 두루 다니며 정탐한 땅은 심히 아름다운 땅이라 여호와께서 우리를 기뻐하시면 우리를 그 땅으로 인도하여 들이시고 그 땅을 우리에게 주시리라 이는 과연 젖과 꿀이 흐르는 땅이니라 다만 여호와를 거역하지는 말라 또 그 땅 백성을 두려워하지 말라 그들은 우리의 먹이라 그들의 보호자는 그들에게서 떠났고 여호와는 우리와 함께 하시느니라 그들을 두려워하지 말라 하나"(민 14:6-9).

민족 전체의 생사가 달려 있는 매우 중요한 선택의 순간에 불신의 마음에 사로잡힌 10명의 정탐꾼들이 하나님의 신호를 제대로 잡아냈더라면, 아무것도 모르는 이스라엘 백성들 모두가 40년 동안 광야에서 헤매다 죽어 가는 처참한 결과는 일어나지 않았을 것이다. 그러나 안타깝게도 오직 하나님의 뜻에 명확하게 순종한 여호수아와 갈렙만이 요단강을 건너서 가나안 땅에 들어갈 수 있었다.

여기서 핵심 키워드는 믿음을 기반으로 한 용기 있는 선택이다. 민수기 32장 9절에 의하면, 이스라엘 백성들이 그토록 모세를 원망하고 다시 돌아가려고 했던 이유는 바로 낙심 때문이었다. 믿음의 선택이냐, 현실에 눈이 가려진 낙심의 선택이냐의 문제였던 것이다.

이 장면을 보면서 군 입대를 앞둔 청년들을 생각하지 않을 수 없었다. 크리스천의 경우, 입대를 앞둔 단계에서 누구든 예외 없이 자발적인 선택의 기로에 서게 된다. 광야에서의 40년을 살아갈 것인가, 아니면 하나님이 허락하시고 예비해 두신 젖과 꿀이 흐르는 가나안 땅으로 들어갈 것인가? 그에 대한 책임은 본인이 져야 한다. 지금 내리는 선택에 따라 확연히 달라진 전역 후의 모습을 받아들여야 하기 때문이다.

요단강을 건넌 두 용사의 모습이 될 것인가, 아니면 광야에서 40년을 방황하다 사라져 간 이스라엘 백성들과 비슷한 상황을 맞이할 것인가? 두 장면을 교차해 연상해 보라. 마음의 준비 없이 군대에 다녀온 청년들과 먼저 하나님께 방향을 맞추고 군대에 다녀온 청년들 간에는 좁힐 수 없는 차이가 존재한다. 나는 그 모습을 오랜 기간 봐 왔다.

입대 전에는 교회에 잘 나오던 청년들이 전역 후에는 오히려 교회를 떠나는 경우도 많다. 언젠가 다시 돌아오기만을 손꼽아 기다리겠지만, 청년의 시기에 꼭 필요한 영적 양식을 공급받고 서로 교제하고 격려하면서 균형 있게 성장하는 과정에 함께하지 못하는 것이 너무나도 아쉽다. 반면에 군대에 다녀와서 영적으로, 또 육체적으로 더 강하고 매력적인 모습으로 나타나는 청년들도 많다.

어림잡아 매달 수천여 명의 청년들이 군에 간다. 이는 결코 적은 숫자가 아니다. 그들에게 조금만 더 믿음을 깨우쳐 주고 헌신된 마음을 갖도록 도와준다면, 그들은 자신들이 하나님의 군사로 파송된다는 마음을 가지게 될 것이다. 그런 마음을 갖도록 동기를 부여해 주는 것이 그들을 진정으로 돕고, 진정으로 격려해 주는 것이다.

크리스천 청년들이 스스로 하나님의 일꾼이라는 자부심과 함께 담대한 용기를 가지고 군 생활을 해낸다면 하나님이 그들을 많은 영혼을 구원하는 통로로 삼아 주실 것이다.

군에 갈 나이로 성장시켜 주신 하나님이 우리를 '하나님의 타이밍'에 맞춰 필요한 현장으로 보내신다는 확신을 가지고, 하나님이 기뻐하시는 믿음의 선택을 하기를 진심으로 바란다.

크리스천의 입대 매뉴얼

　군에 가면 당분간은 많은 사람들과 떨어져 있어야 하지만 그것이 곧 사회와의 단절을 의미하지는 않는다. 점점 더 연락할 기회가 많아지는 추세다. 외출과 면회, 휴가도 자주 나올 수 있다. 컴퓨터가 개방되어 있어서 SNS가 연결되고, 필요한 소식도 늦지 않게 접할 수 있다. 가장 큰 변화는 개인 핸드폰을 사용할 수 있다는 것이다.
　그러나 군대가 좋아졌다고들 하지만 군대는 군대다. 낯선 사람들이 모여서 거칠고 다듬어지지 않은 상태의 삶을 견뎌 내야 하는 곳이다. 또한 군대는 혼자서 결정하고, 혼자서 책임도 져야 하는 곳이라서 외롭다. 특히 처음 적응할 때까지는 대화할 상대가 없는 것이 가장 힘든 일 중에 하나일 것이다. 그래서 "군대 좋아졌다."라는 말이 마음에 와닿지 않는 것이 사실이다.

입대를 준비할 때 가장 당부하고 싶은 말은 잠시 떨어져 지내야 할 부모님과 멋지게 헤어지라는 것이다. 한 어머니가 여러 사람이 모인 곳에서 자식을 군에 보낸 이야기를 하는 것을 들었다. 추운 겨울을 앞두고 1년에 한 명씩, 연이어 아들 둘을 군에 보내고 나니 멍해지더란다. 하루하루 보내는데, 무심코 쓰던 따뜻한 물 한 방울도 자식들을 생각하니 미안해서 못 쓰겠다는 생각이 들었다고 했다.

그때부터 아무리 추워도 자식들을 생각하면서 차가운 물로 씻고, 보일러도 얼어 죽지 않을 정도로 낮추면서 추운 겨울을 보냈다고 한다. 차가운 물로 몸을 씻고 겨울을 춥게 보내기가 얼마나 힘들었을까. 그 말을 듣는 모든 사람들이 할 말을 잃었다. 자식을 생각하는 어머니의 마음은 그토록 깊고 깊다.

또 하나, 신앙생활에 대한 준비는 필수다. 입대를 준비하는 데 있어서 가장 중요한 부분이기도 하다. 구체적인 준비 방법을 알아보자.

첫째, 하나님에 대한 믿음, 신뢰를 다시 한번 확고히 하라. 세계적인 신학자 알리스터 맥그라스는 『한 권으로 읽는 기독교』에서 믿음에 대해 소개하고 있다. 저자는 믿음을 한마디로 표현하면, '하나님에 대한 신뢰'라고 말한다. 아브라함을 부르시는 내용에서, 하늘의 별처럼 후손을 주시겠다는 하나님의 약속에 대한 신뢰 같은 것이라고 설명한다. 예수님에 대해서도 동일한 신뢰를 갖는 것을 말하는데, 예컨대 병자를 고치시거나 문제를 해결하시는 능력에 대한 우리의 확고한 신뢰를 믿음이라고 말할 수 있다. 우리가 누군가에 대해 "그 사람은 참 믿음이 가는 사람이야."라고 말할 때 쓰는 신뢰 말이다. 하나님과 예수 그리스도에 대한 신뢰야말로 우리가 할 수 있는 최고의 신뢰다.

둘째, 후원군을 만들라. 특히 기도할 사람들을 많이 만들어 놓고 가는 것이 좋다. 기도 편지를 만들어 아는 교인들에게 주면서 시간을 정해 놓고 어떤 분에게는 아침에, 어떤 분에게는 점심에, 어떤 분에게는 자기 전에 기도해 달라고 부탁하라. 이것은 기도의 위력을 알고 있다는 증거다.

얼마 전 군에 아들을 보낸 어머니가 힘들어하는 아들을 위해 기도 제목을 적어서 SNS로 보내 왔다. 그 기도 제목은 나뿐만 아니라 여러 명에게 보내졌다. 그 기도 제목에는 다 표현되지 않았지만, 어머니의 간절한 마음이 녹아 있었다. 이처럼 어려울 때 함께 기도해 줄 후원군이 많이 필요하다. 어떤 청년들은 SNS에 자신의 입대 기간을 적어 놓고 기도를 부탁하기도 한다.

청년부에 소속되지 않고 교회를 다니기만 했더라도 청년부에 인사를 하는 것이 좋다. 입대하면 청년부의 도움을 받을 수 있기 때문이다. 어색하다는 생각은 버려라. 청년부와 지도하시는 분들이 입대를 계기로 기도해 주고, 간식거리를 포장해서 보내 주기도 한다. 이로써 전역 후에 자연스럽게 청년부로 합류하게 된다면 더욱 좋다.

셋째, 말씀을 준비하라. 훈련 기간 동안 입에 달고 다닐 말씀이 필요하다. 아직은 현실과 동떨어진 것 같겠지만 그렇지 않다. 실제로 말씀을 준비해 가면 큰 힘이 되는 경험을 하게 될 것이다. 평소에 성경을 읽거나 설교를 들을 때 자신에게 힘이 되는 말씀들을 메모지나 핸드폰에 간직하고 가면 좋다(부록 참고).

"두려워하지 말라 내가 너와 함께 함이라 놀라지 말라 나는 네 하나님이 됨이라 내가 너를 굳세게 하리라 참으로 너를 도와 주리라 참으로 나의 의로운 오른손으로 너를 붙들리라"(사 41:10).

성경 전체에 걸쳐 보면, 하나님의 백성을 위로하고 격려하는 말씀으로 가득하다. 그중에서 자신에게 힘을 주는 말씀들을 추려 보자. 『군인을 위한 하나님의 약속 100』(생명의말씀사)은 말씀으로 군 생활을 매일 이뤄 가도록 디자인하여 많은 군인들에게 큰 도움을 주는 소책자이다.

넷째, 좋아하는 찬양을 흥얼거려라. 입대 전에 평소에 좋아해서 흥얼거리던 찬양이 실제 훈련 기간 동안 많은 힘이 된다. 청년의 때에는 감성이 풍부해서 찬양의 가사와 곡조가 삶에 더 잘 다가온다. 찬양을 많이 알면 단체로 뛰거나 행군 훈련 등을 할 때 특히 도움이 된다. 많이 흥얼거려라. 찬양이야말로 힘들 때 새 힘을 공급해 주는 특효약임을 알게 될 것이다.

마지막으로 가장 중요한 것은 바로 기도로 준비하는 것이다. 한 어머니는 아들의 입대가 결정되자 3개월이라는 기간을 정해 놓고 "부족한 아들을 하나님이 지켜 주시고 군에 있는 동안 하나님을 깊이 만나서 믿음 생활도 잘하고, 건강하게 지내도록 지켜 주십시오."라고 간절히 기도를 드렸다고 한다. 아들이 군에 가 있는 동안에도 교회를 떠나지 않고 한결같이 기도하는 어머니의 모습을 볼 수 있었다.

들려오는 소식에 의하면, 아들은 군에 가서 주일을 꼬박꼬박 잘 지키고 있고, 군종병으로 자원해 군 목사님을 돕고 교회를 섬기면서 군 생활을 잘하고 있다고 했다. 전역하고 돌아왔을 때의 변화된 모습은 이루 말할 수 없었다. 어릴 때는 부모님 속을 많이 썩였다고 웃으면서 말하지만, 지금으로서는 그런 모습을 전혀 찾아볼 수 없다. 그를 보면서 무한한 감사와 보람을 동시에 느낀다.

우리가 입대를 준비하면서 드리는 기도의 결과는 군에 가 보면 바로 확인할 수 있기 때문에 영적인 경험이 된다. 기도 제목은 각자가 다르겠지만 주일 성수, 신앙생활을 해 나갈 믿음의 친구, 함께 생활해 갈 지휘관과 전우들, 훈련을 잘 감당할 수 있는 건강, 남겨 두고 갈 가족들 등 다양하다. 기도 제목을 적고 간절하게 구체적으로 기도한다면 군에 가서 하나님의 세밀한 응답을 직접 경험하게 될 것이다.

군대, 하나님이 먼저 가 계신다

앞으로 일어날 일을 미리 알 수 없기에 누구나 새로움에 대한 약간의 두려움이 있다. 그때마다 기억할 것은 여호와 이레 하나님이 우리에게 필요한 것을 미리 준비해 주신다는 확고한 신뢰다.

"아브라함이 그 땅 이름을 여호와 이레라 하였으므로 오늘날까지 사람들이 이르기를 여호와의 산에서 준비되리라 하더라"(창 22:14).

나의 경우, 군에 입대할 때 가장 간절했던 고민은 '과연 믿음을 잘 지킬 수 있을까?' 하는 것이었다. 백령도라는 낯설고 두려움이 가득한 곳으로 초임 배치되면서 얼마나 마음을 졸였던지, 이제 겨우 피어난 청년 시절의 미약한 신앙이 이대로 무너져서는 안 된다는 절박감이 가득했다. 그래서 정말 간절하게 기도했다. 그리고 한 가지 더, 그곳에서 신앙생활을 같이할 사람을 만나게 해달라고 기도했다. 그동안 성경을 통해 '먼저 그곳에 가 계신 하나님'의 예비하심을 배웠기에, 그 어느 때보다 절실하게 하나님의 예비하심을 보여 달라고 기도했다.

"내가 너희에게 말하기를 그들을 무서워하지 말라 두려워하지 말라 너희보다 먼저 가시는 너희의 하나님 여호와께서 애굽에서 너희를 위하여 너희 목전에서 모든 일을 행하신 것 같이 이제도 너희를 위하여 싸우실 것이며"(신 1:29-30).

그렇게 기도를 드리고 나서 배치된 곳에 가 보니, "예수님 잘 믿는 소대장 한 명만 보내 주세요."라고 나보다 더 간절히 기도해 오던 병사를 만날 수 있었다. 어린 나이에 그 일을 겪으면서 하나님이 정말 내 기도를 듣고 계신다는 생각에 얼마나 기쁘고 신기했던지, 기도의 응답에 깜짝 놀랐던 당시를 잊을 수가 없다. 특히 그는 후임들이 잘 따르는 모범적이고 인기도 많은 병사여서 더 감사했다. 사실 어떤 병사들은 교회는 잘 다니는데, 후임들을 괴롭히고 불성실하게 생활해서 오히려 믿음을 전하는 데 역효과를 내기도 한다. 그럴 때는 정말 난감한데, 그는 신실한 신앙을 생활에서도 보여 주고 있어서 더욱 좋았다.

그는 내가 부대에 가기 전에 중대장 당번병을 했던 경험을 살려서 중대장에게 복음을 전했고, 새로 소대장으로 부임한 내가 크리스천이라는 사실을 중대장에게 알리는 다리 역할을 하기도 했다. 그 정보가 나중에 효과를 발휘한 적이 있다. 대대장이 주관하는 회식 자리에서 대대장이 술을 한 잔씩 따라 주었는데, 중대장이 중간에 나서서 "새로 온 소대장은 크리스천이라서 음료수를 주면 좋겠습니다."라는 말로 도와준 것이다. 안 그래도 처음 맞는 회식 자리에서 마음이 초조했는데 중대장이 고마웠고, 그 사실을 미리 귀띔해 준 그 병사도 고마웠다. 하나님께 회식 전부터 피할 길을 달라고 기도했는데, 돕는 손길을 통해 불편한 상황을 면하게 해 주신 것이다.

"사람이 감당할 시험 밖에는 너희가 당한 것이 없나니 오직 하나님은 미쁘사 너희가 감당하지 못할 시험 당함을 허락하지 아니하시고 시험 당할 즈음에 또한 피할 길을 내사 너희로 능히 감당하게 하시느니라"(고전 10:13).

군에 가면 집에 있을 때처럼 자유롭게 교회에 갈 수 있는지, 배치받는 곳에 교회가 있는지, 매주 갈 수 있는지, 예배 분위기는 어떤지 등 궁금한 것이 한두 가지가 아닐 것이다. 앞서 나의 사례처럼 결론부터 말하면, 기도하면서 하나님의 예비하심을 바라보자. 오늘날의 군대 환경에서는 자신의 의지만 있다면 신앙생활하기가 쉬워졌다고 할 수 있다. 동기부여 차원에서 이야기를 해 본다면 그 이유는 이렇다.

첫째, 군에서는 종교가 군 생활 적응에 도움이 된다고 판단해 종교 활동 시간을 마련해 주고 있기 때문이다. 종교는 장병들의 정서 순화와 인성 교육에 도움이 된다고 보고 이를 권장한다. 이런 분위기에서 아직 종교가 없는 전우들에게 예수님을 자연스럽게 소개하는 것도 좋다. 하지만 문제는 내게 있다. 현재 군대는 핸드폰이 하나님의 자리를 채우고 있다. 개인 정비 시간을 종교 활동으로 낭비한다는 인식이 팽배하다. 신실했던 크리스천 청년들도 분위에 휩쓸려 버리는 상황을 쉽게 볼 수 있다. 깨어 있지 않으면 신앙의 틈이 벌어지기 쉽고, 신앙이 없는 병사들에게는 복음이 비집고 들어갈 틈이 없는 것이 요즘의 군대이다.

둘째, 군 생활이 사회생활보다 단순하기 때문이다. 사회에서는 학교생활, 친구와의 관계, 아르바이트 등 할 일이 많아서 교회 생활과 시간이 맞지 않는 경우가 많지만, 군 생활은 단순하다. 맡은 일만 잘해 놓으면 신경 쓸 일이 적고, 휴일은 기본적으로 쉬도록 되어 있기 때문에 의지만 있다면 오히려 교회에 가기가 좋다.

셋째, 군대에는 적당한 긴장감이 흐르기 때문에 하나님을 찾기 위한 동기부여가 늘 저변에 깔려 있기 때문이다. 인간은 힘들고 어려우면 누구나 의지할 분이신 하나님을 찾게 된다. "총탄이 빗발치는 참호 속에서 무신론자는 없다."라는 말이 있다.

힘들고 어려운 상황을 마주할 때마다 더욱 하나님을 바라보는 계기로 삼자. 우리를 위해 예비하시는 하나님을 소망하며 그 마음으로 군대를 바라보자. 그분께 두는 소망은 확실하다.

하나님과 일대일로 만나는 기회가 열렸다

우리나라에는 '성년의 날'이 있다. 사회인으로서의 책무를 일깨워 주고 성인으로서 자부심을 부여하기 위해 제정된 날로서, 현재 민법이 개정되면서 만 20세에서 19세로 성인의 기준이 낮아졌다. 매년 5월 셋째 주 월요일을 성년의 날로 지내고 있다.

군대는 언제부터 갈 수 있을까? 만 18세다. 주민등록증은 만 17세가 되는 날부터 발급해 주고 있고, 선거는 만 19세가 되면 할 수 있다. 성인이라고 할 만한 기준들은 다 비슷비슷한데, 성경에서는 인구를 조사할 때 20세 이상을 기준으로 했고 "싸움에 나갈 만한 모든 자"라고 기록하고 있다.

"너희는 이스라엘 자손의 모든 회중 각 남자의 수를 그들의 종족과 조상의 가문에 따라 그 명수대로 계수할지니 이스라엘 중 이십 세 이상으로 싸움에 나갈 만한 모든 자를 너와 아론은 그 진영별로 계수하되"(민 1:2-3).

신앙에서의 성년은 어떤 상태를 의미할까? 우리의 신앙을 나이로 표현해 본다면 몇 살 정도일까? 성경은 어린아이의 신앙은 버리는 것이 좋다고 말한다.

"내가 어렸을 때에는 말하는 것이 어린 아이와 같고 깨닫는 것이 어린 아이와 같고 생각하는 것이 어린 아이와 같다가 장성한 사람이 되어서는 어린 아이의 일을 버렸노라"(고전 13:11).

또한 성경은 장성한 어른의 신앙을 목표로 제시함으로써 성숙한 수준으로의 성장이 필요함을 알려 준다.

"우리가 다 하나님의 아들을 믿는 것과 아는 일에 하나가 되어 온전한 사람을 이루어 그리스도의 장성한 분량이 충만한 데까지 이르리니"(엡 4:13).

집을 떠나 군에 있는 동안 하나님은 여러 가지 모양으로 독립된 자신만의 신앙을 키워 갈 수 있도록 우리를 도우실 것이다. 이때 우리가 그

성령님의 손길을 제대로 발견해 내는가가 중요하다. 예를 들어 보자. 추운 겨울이었다. 운동을 하고 목욕탕에 다녀왔는데 그만 장갑을 두고 온 게 생각났다. 그래서 전화를 했다. 마침 관리를 맡고 있던 병사가 전화를 받았는데, 자기가 장갑을 잘 보관하고 있다면서 찾아가시라고 친절하게 대답했다. 잃어버린 줄 알았는데 찾았다니 다행이었다. 마침 수요일이라 교회 가는 길에 들러서 찾아가겠다고 하고 잠시 후 들렀다.

장갑을 돌려받고 돌아서서 나오는데 그 병사가 조심스럽게 나를 불러 세웠다. 하얀 봉투를 주면서 "교회에 가신다는데 헌금을 내 주시면 좋겠습니다."라고 부탁했다. 순간 궁금해서 이유를 묻자 그가 떨리는 목소리로 장갑에 얽힌 이야기를 해 주었다.

"제가 장갑을 잃어버려서 장갑이 없었습니다. 그런데 오늘 목욕탕을 정리하면서 보니까 주인이 찾아가지 않은 장갑이 있었습니다. 누군가 놓고 간 장갑인데, 순간적으로 제가 쓰고 싶어서 아무도 장갑을 찾으러 오지 않았으면 좋겠다는 생각이 들었습니다. 그래서 다른 사람이 안 보는 사이에 장갑을 제 사물함에 옮겨 두었습니다. 누군가가 찾으러 왔다가 장갑이 없으면 그냥 가기를 바라고 한 일입니다.

그런데 장갑을 찾으러 오겠다는 전화를 직접 받은 순간, 누군가 제게 '사실대로 말하라.'고 하는 것 같았습니다. 그래서 거짓말을 할 수가 없었습니다. 그리고 제가 잠깐 나쁜 마음을 먹었던 것을 깨달았습니다. 잘못했습니다. 제가 죄를 짓지 않도록 하나님이 제가 도둑질하는 것을 막아 주신 것 같습니다. 아마 이번에 아무도 찾으러 오지 않았다면 앞으로도 저는 비슷한 잘못을 죄책감 없이 계속했을 것입니다.

저는 군에 오기 전까지만 해도 억지로 교회를 나가고, 하나님도 잘 몰랐지만 이 일을 겪으면서 하나님 말씀을 잘 들어야겠다고 생각했습니다. 저를 사랑의 눈으로 지켜보고 계신다는 생각을 하게 되었고, 그런 생각을 하니까 하나님께 감사했습니다. 앞으로 사회에 나가서 살 때도 절대로 그렇게 하지 않겠습니다. 마침 교회에 가신다고 하셔서 제가 가지고 있는 돈을 하나님께 감사 헌금으로 드리려고 담았습니다. 꼭 헌금을 내 주시면 감사하겠습니다."

나는 아무 말도 못하고 그의 어깨를 안아 주었다. 마음이 매우 뜨거웠다. "힘내!" 하고 격려하면서 장갑을 주고 싶다고 했는데, 한사코 거절해서 할 수 없이 하나님을 팔았다.

"하나님이 자네에게 선물로 주시는 것일 수도 있잖아. 받아 줘."

억지로 장갑을 병사의 손에 쥐어 주고 서둘러 나왔다. 바로 교회에 가서 봉투 겉면에 '목욕탕 병사'라고 대신 적어 하나님께 예물로 올려 드렸다. 하나님이 그 마음을 어찌 안 받으실까.

아무도 '나'라는 존재를 알지 못하는 군이라는 곳에서 자신이 스스로 믿음을 선택하면서, 드디어 자신의 믿음을 키워 가는 셀프 신앙생활을 해 보자. 어린 모습을 벗어 버리고, 하나님과 일대일의 아름다운 만남을 만들어 가는 기회로 삼기 바란다.

입대 분위기, 축제가 될 수는 없을까?

튀르키예를 여행하는 중에 청년들이 차량으로 무리를 지어서 마을을 지나는 축제와도 같은 행진을 본 적이 있다. 온 마을 어른들이 박수하면서 그 흥겨운 모습에 힘을 보태는 모습도 볼 수 있었다. 궁금해서 확인해 보니, 군에 가는 청년을 축하해 주는 행사라고 해서 깜짝 놀랐다.

8개 국가와 국경을 접하고 있는 튀르키예 국민들은 군에 입대해 수고하는 청년들의 역할이 매우 중요하다. 실제로 군 복무 중에 전투를 치르기 때문에 죽거나 다치는 경우도 많다고 했다. 그럼에도 불구하고 군에 가는 청년들은 힘찬 패기를 가지고 있었고 자부심도 넘쳤다. 또한 국민들이 그런 군인에 대한 존경심을 늘 가지고 있음을 확인할 수 있었다. 그들이 국가를 사랑하는 모습과 국민적 분위기가 솔직히 부러웠다. 우리 국민들이 입대를 대하는 정서나 청년들의 인식과는 많은 차이가 있어 보였다. 우리는 아직도 군대 가는 것을 끌려간다고 생각하고, 한 번 가면 다시는 집에 못 돌아올 것 같은 심리적인 정서를 가지고 있는 것이 현실이다.

가고 싶지 않은 곳에 가려다 보니 친구들과의 송별회를 할 때 선을 넘는 분위기가 되었고, 차분하게 군에 보내고 싶은 부모 입장에서는 자식의 얼굴을 제대로 보지도 못한 채 떠나보내야 하는 현실적인 아쉬움을 가지고 있다. 신앙적으로도, 마귀를 대적하며 하나님의 일꾼으로서 당당해야 할 크리스천들이 오히려 마귀에게 붙잡혀 끌려다니고 품위를 잃은 채 세속의 문화에 굴복하는 모습을 보여 주고 있다.

이를 청년들만의 잘못이라고 할 수 있을까? 지금까지 한국교회가 군 입대에 대한 정서적 안정감을 만들어 주지 못하고, 편안한 마음으로 군에 갈 수 있도록 입대자 파송식 모델을 만들어 놓지 못한 데서 그 원인을 찾을 수 있다고 본다. 크리스천으로서 군에 가는 것을 하나님이 주신 기회이자 사명이며, 파송이자 보람이라는 새로운 분위기로 전환하지 않고는 여전히 우울하고 눈물 가득한 입대 분위기의 그림자가 우리의 눈과 마음을 가릴 것이다.

다행인 것은 최근 몇 년 전부터 입영 행사에 축제의 개념을 반영해서 장병들의 부모와 친지, 당사자가 밝은 분위기에서 입대하고 있다는 점이다. 우울 모드에서 밝은 모드로의 전환은 긍정적이고 바람직하다. 하지만 크리스천을 위한 파송 개념을 반영한 모델은 각 교회가 개별적으로 하는 분위기다.

크리스천 입대 모델을 만드는 것은 각 교단에서 관심을 가지고 접근해야 한다고 본다. 그리고 각 교회에서도 군에 가는 청년들에 대해 더 깊고 체계적인 관심을 기울여야 할 것이다. 정기적으로 그 해에 입대할 청년들과 부모님, 먼저 군에 다녀온 경험자들, 교역자들이 모여서 집중적으로 이야기를 나누는 시간을 계획해서 진행한다면 좋은 이야기들이 많이 나올 것이다.

미국의 한 교회를 방문한 어떤 목사님이 교회 출입구 벽면의 특별 전시 코너를 사진으로 찍어 와서 보여 준 적이 있다. 교회 성도 중에 군에 입대했거나 가족 가운데 군에 있는 크리스천 장병들의 사진을 큰 액자에 넣고 그가 근무하는 부대와 가족의 이름, 기도 제목 등을 적어서 정성스럽고 고급스럽게 장식해 교인들에게 알려 주고 있었다.

어느 교회는 주보에 현역 복무자들의 이름을 넣어 교인들이 그 이름을 보면서 기도해 주고, 강대상에 군 복무자의 이름을 올려놓고 예배 시간마다 이름을 부르면서 기도하는 교회도 있다.

군 선교 팀을 만들어 입대할 청년들의 파송 예배를 마련하고, 정기적으로 교회 소식과 위문이 될 간식거리를 보내면서 성원하는 교회도 있다. 교회의 이름이 적힌 소포나 편지가 오면 군에 있는 청년들에게는 큰 힘이 된다.

여러 모양으로 크리스천 청년들을 위한 파송식 입대에 보탬이 되는 활동들이 있기를 기대해 본다.

아름다운 파송식 입대

파송의 개념을 넓게 생각하는 계기를 만난 어느 형제의 이야기다. 그가 군에 들어가기 직전에 우연히 버스 정류장을 지나는데, 정류장에 성경 말씀이 쓰여 있었다.

"주 예수를 믿으라 그리하면 너와 네 집이 구원을 받으리라 하고"(행 16:31).

당시 아무것도 모르는 상태에서 그 말씀을 보는 순간, 절망 속에 있는 집안을 살릴 수 있는 희망이 보였다. 그리고 '내가 예수님을 믿어서 어려운 형편의 집안 분위기를 바꿀 수만 있다면 그렇게 하겠다.'라는 다짐을 하며 입대했다.

군 교회에 간 첫날, 왜 그렇게도 눈물이 쏟아지는지 주체할 수 없었다. 그때부터 교회에 가면 편했고, 교회에서 만나는 사람들이 좋았고, 틈틈이 성경도 읽고 밑줄도 그으면서 말씀을 배워 갔다. 설교 시간에는 목사님 말씀을 놓치지 않으려고 꼼꼼하게 메모도 했고 세례도 받았다.

그러다 가족들이 생각났다. 아무것도 바뀌지 않는 답답함 속에 있는 가족들이 너무 불쌍했다. 우리 가족이 예수님을 믿었더라면 그렇게까지 어둡게 살진 않았을 거라는 생각도 들었다. 생각할수록 우리 집안만 버림받은 것 같은 서러움이 복받쳐 교회로 가서 하나님께 소리쳤다.

"시키는 것은 다 할게요. 제가 예수님 믿고, 예수님 말씀 잘 듣고 있는데요, 왜 우리 집안은 이렇게도 불쌍하단 말입니까? 우리 가족들을 다 버리신 건가요?"

한참을 그렇게 울부짖었는데 마음속에 '그래서 너를 부른 거야.' 하는 생각이 들었다. 그 이야기를 들은 목사님은 "하나님이 너를 너의 가정에 파송하신 거야."라고 그에게 말해 주었다. '파송? 내가 선교사도 아닌데 무슨 파송이야?'라고 생각하며 돌아왔지만, 곰곰이 생각해 보니 그 말이 맞는 것 같았다. 하나님이 먼저 그에게 예수님을 믿게 하시고, 그를 통해 집안에 복음이 들어가게 하셨다는 것을 나중에 알게 되었다.

이처럼 하나님은 헌신된 한 사람을 필요한 곳에 보내셔서 계획을 이루어 가신다. '파송'(派送)이란 '일정한 임무를 주어 사람을 보냄'이라는 뜻을 담고 있다. 흔히 기독교에서는 선교사를 보낼 때 이 단어를 사용하고 있다. 파송의 본래 모습은 사도행전 13장에서 볼 수 있다.

"주를 섬겨 금식할 때에 성령이 이르시되 내가 불러 시키는 일을 위하여 바나바와 사울을 따로 세우라 하시니 이에 금식하며 기도하고 두 사람에게 안수하여 보내니라 두 사람이 성령의 보내심을 받아 실루기아에 내려가 거기서 배 타고 구브로에 가서"(행 13:2-4).

우리는 낯선 땅, 낯선 환경, 생명이 보장되지 않는 곳에 하나님의 명을 받아 떠나는 것을 파송이라고 생각한다. 그런 면에서 군에 가는 크리스천 청년들은 군대로 파송을 받는 것이다. 해외 선교사들처럼 사막 같은 오지나 말이 서로 통하지 않는 곳은 아니지만, 복음을 확장시키라고 파송받은 것만은 확실하다.

이때 파송을 받는 청년들에게 절대적으로 필요한 것이 헌신된 마음이다. 헌신 없는 파송은 형식과 행사에 불과하다. 그래서 입대하기 전에 헌신에 대한 깨우침의 과정이 꼭 있어야 한다. 앞서 언급했듯이 군에 가는 청년들을 위해 나눔과 기도회, 격려의 시간을 마련해 헌신을 다짐하게 한다면 큰 도움이 될 것이다.

지금도 많은 크리스천 청년들이 군대에 간다. 그중에 10%만이라도 헌신된 마음을 갖고 갈 수 있다면 좋겠다. 입대하는 형제들에게 파송의 의미를 깨우쳐 준다면 그 숫자가 조금이라도 늘어나지 않을까? 아직 늦지 않았다. 지금부터라도 입대를 앞둔 크리스천 청년들이 굳건한 믿음과 헌신을 다짐하고 군에 갈 수 있도록 자부심 있고 아름다운 파송식 입대가 각 교회에 활발히 이뤄지기를 기도하며 소망한다.

꼭 알아야 할 군대 톡톡

크리스천 군인들의 열 가지 다짐

1. **예수님을 믿는다고 처음부터 밝히고 시작하자**
   승부의 시작점이다. 유난 떨고 확실하게 시작하자.

2. **주일 예배는 반드시 사수하자**
   첫 주부터 전역할 때까지, 졸더라도 교회에 가자.

3. **신앙생활하는 전우를 찾아 같이 믿음을 지켜 가자**
   특히 교회에 갈 때는 혼자 가지 말고, 숨어 있는 선·후임을 챙겨서 가자.

4. **성경을 매일 펼쳐서 읽자**
   쌩쌩하게 나를 충전시키는 것은 바로 하나님의 말씀이다. 군에 있는 동안 목표를 가지고 통독하자.

5. **신병이 들어오면 크리스천인지 물어보자**
   누군가의 신앙생활에 도움을 주자.

6. **교회에서 봉사할 일들을 찾자**
   교회에는 할 일이 많다. 의자라도 닦자.

7. **군종 목사님과 친해지자**
   자신을 소개하고, 뭐라도 도와드리자.

8. **지킬 것은 확실하게 지켜 나가자**
   술, 담배는 피하고, 음란, 폭력, 가혹 행위는 절대 하지 말자.

9. **회복시키거나, 전도하거나 해 보자**
   더 성실하게 행동하고 더 신실하게 다른 사람을 돕자. 그 결과는 자연스럽게 나타날 것이다.

10. **십일조 습관을 군대부터 해 보자**
    군대 월급도 월급이다. 떼먹지 말고 하나님께 드리자.

따뜻한 생활반이 되는 길, 제대로 된 크리스천 한 사람이면 충분하다. 자신부터 실천해 보도록 하자.

선배 톡톡

우선순위를 신앙에 두라

저는 전역 후 바로 경찰공무원을 준비해 지금은 서울 서대문 경찰서에서 경위로 근무하고 있습니다. 저도 군 복무 시절을 겪었기에 군 입대를 앞둔 크리스천 청년들의 심적 어려움과 다가올 어려움에 대해 충분히 공감할 수 있습니다.

'군대'라는 곳은 일단 자신의 자유가 없어진다고 생각할 수 있습니다. 마음대로 교회도 못 가고 마음대로 책도 못 펼치며 머리 스타일도 똑같습니다. 이러한 자유를 포기할 걱정 때문에 입대 전 대부분의 청년들은 표정이 밝지 않습니다. 하지만 위의 문제들은 시간이 다 해결해 줍니다. 주어진 환경이 익숙해지면 긴장도 풀어질 것이고 친한 선·후임이 생기면 생활도 즐거워질 것입니다.

하지만 신앙은 그렇지 않습니다. 군대라는 공동체 생활 가운데 크리스천은 믿지 않는 청년들의 가치관을 대면하게 됩니다. 그동안 교회 공동체의 생각과 가치관만 접하다가 세상적 문화와 기준을 보면 당연히 흔들릴 수 있습니다.

이 부분에서 크리스천은 타협점을 찾게 됩니다. 그 타협점은 결국 본인도 신앙의 중심을 잃고 믿지 않는 사람들과 똑같이 행동하도록 하는 계기가 됩니다. 두 마음을 품지 말고 우선순위를 자신이 지켜 온 신앙에 두시길 바랍니다. 그래서 절대 양보하지 말아야 할 것을 생각한 후 마음을 지켜 가며 군 생활에 임하면 도움이 될 것입니다.

저는 군 생활을 할 때 '주일은 꼭 지키자!'라는 다짐을 하고 갔습니다. 자대 배치를 받자마자 "주일엔 교회 가겠습니다."라고 중대장님께 바로 말했습니다. 이 사건으로 소대는 난리가 났습니다. 하지만 저의 변하지 않는 다짐 덕분에 시간이 흐른 뒤 병사들에게 인정받고 상병 때는 군종병으로 교회를 섬길 수 있게 되었습니다.

두 번째 다짐은 성경 읽기입니다. 제 직장이 군대와 비슷한데, 육체적으로는 힘들지만 하는 일이 단순하여 적응이 쉽게 되고 쉬는 시간을 적절히 이용한다면 성경을 통독하기 좋은 곳입니다. 좀 더 굳건한 신앙을 유지하기 위해 성경 읽기는 무조건 필요하다고 생각합니다.

여러분은 20대 초반 제일 빛나는 시기를 보내는 군대에서 성경을 꼭 가까이하시길 바랍니다. 그래서 전역했을 때 주님을 향해 더욱 힘차게 경주하는 크리스천이 되길 바랍니다.

박찬성, 서울 서대문 경찰서, 경위

2장

훈련소
새로운 신분, 삶이 달라진다

훈련소, 옷을 갈아입다

드디어 입대를 위해 훈련소에 도착하면 군복으로 갈아입는다. 이때가 정말 중요한 순간이다. 그동안 입던 옷을 벗고 새로운 옷을 입는 순간, 만감이 교차한다. 옷뿐만 아니라 사회에 남겨 둔 미련과 아쉬움 역시 옷과 함께 벗어 버려야 한다. 미련을 접어 두지 못하면 앞으로 시작될 훈련에 집중할 수 없다. 사도 바울도 "병사로 복무하는 자는 자기 생활에 얽매이는 자가 하나도 없나니 이는 병사로 모집한 자를 기쁘게 하려 함이라"(딤후 2:4)고 말하지 않았는가.

디지털 무늬로 되어 있는 군복은 일반 천이 아니라 전투에 적합한 기능이 내장된 소재로 만들어졌다. 겉으로 보기에는 평범한 군복 천처럼 보이지만 사실은 그렇지 않다. 여러 가지 시험을 거쳐 합격한, 말 그대로 전투복이다.

군복을 입을 때 크리스천 청년들은 그 옷에 보이지 않는 기능이 내장되어 있듯 보이지 않는 그리스도의 옷을 함께 입는다고 생각하면 좋겠다. 이 순간은 군 생활을 시작하는 큰 전환점이 되기 때문에 더욱 힘주어 강조하고 싶다.

"누구든지 그리스도와 합하기 위하여 세례를 받은 자는 그리스도로 옷 입었느니라"(갈 3:27).

군복으로 갈아입으며 군인으로 신분이 바뀌는 자신의 모습을 보면서 다시금 크리스천이라는 자신의 신분도 자각할 수 있기를 바란다.

"우리의 시민권은 하늘에 있는지라 거기로부터 구원하는 자 곧 주 예수 그리스도를 기다리노니"(빌 3:20).

북한 이탈 주민들과 이야기하면서 느낀 것이 있다. 이제는 북한 사람이 아니라 대한민국 국민인데 신분이 바뀐 것을 가끔 잊은 듯하다. 대한민국 시민권을 가지고 있음에도 북한에서 사는 것처럼 생각하고 행동하는 것이다. 마찬가지로 군인으로 신분이 바뀌면 군대의 새로운 문화와 규칙, 관습과 전통들을 알아 가게 된다. 이는 신앙생활에도 해당된다. 우리는 예수님을 믿기 전에는 세상 방식대로 살았다. 육체적인 욕망에 내 삶을 맡기기도 했고, 나를 중심으로 살았다.

『하나님이 만드신 참 좋은 나』에서 저자 댄 스니드는 신분과 자아상에 대해 이해하기 쉽게 설명해 준다. 신분이란 엄연한 사실이지만 자아상은 자신을 어떻게 보고 있느냐에 대한 것이다. 이는 그가 살아온 경험들과 생각들에 근거해 결정된다. 그래서 자신을 어떻게 보고 있느냐의 문제는 앞으로 어떤 삶을 살며, 다른 사람들과 어떤 관계를 맺고, 하나님을 어떻게 믿을 것인지에 결정적인 영향을 준다.

신분은 바뀌었는데, 자칫 옛 관점으로 자신의 자아상을 가지고 있으면 예전의 삶의 방식대로 살아갈 수 있다는 것이다. 사탄은 우리를 과거의 습관에 머물러 있도록 유혹하고, 과거의 실수를 들먹이면서 "그런 너는 하나님과 어울리지 않는다."라고 하며 우리를 주저앉힌다.

크리스천들의 신앙생활이 이와 같지 않을까? 예수님을 나의 구주로 영접한 후 신분이 달라졌기에 이제부터는 새로운 삶을 살아야 한다. 일상의 삶에서 그리스도의 옷으로 갈아입고 옛 관점, 옛 습성의 옷들은 남김없이 벗어 버려야 맞다.

제복은 건전한 자부심이다. 제복을 입은 것에 대한 책임도 따른다. 곧 신뢰의 표시이며, 자기를 부인하고, 단체의 일부로서 상징성을 갖는다. 그래서 제복은 바르게 입어야 한다. 직업이나 인격과 무관하게 예비군복만 입으면 옷을 풀고 다니는 모습은 보기 좋지 않다. 군복을 제대로 입고 훈련을 시작하듯이, 크리스천으로 부름을 받았으니 처음부터 그리스도의 옷을 잘 입고 출발해 보자.

누군가가 미워지기 시작한다면

　군대에는 다양한 사람들로 가득하다. 서로 성향이나 성격, 사물을 보는 시각, 체력과 정신력의 차이, 상대방을 대하는 모습 등에서 '천차만별'이라는 말이 들어맞을 정도로 다양하다. 모든 사람들이 나와 맞을 수 없고, 모든 사람들과 친하게 지내는 것은 현실적으로 욕심일 수 있다. 그렇지만 생활하는 가운데 누군가를 미워하는 감정이 싹트는 것이 감지된다면 반드시 해결해야 한다.

　미움과 증오는 타인도 자신도 모두 파멸에 이르게 할 뿐이다. 2015년 6월 17일, 미국 노스캐롤라이나 찰스턴에 있는 흑인 교회에서 21세의 백인 청년이 총기를 난사해 교회에서 성경 공부를 하고 있던 목사님을 포함한 흑인 9명이 현장에서 사망하는 비극적인 사건이 발생했다. 흑인에 대한 백인의 증오심 외에 다른 이유는 없었다. 백인 청년은 증오심이라는 개인적인 감정으로 인해 수많은 사람들과 자기 자신을 결국 파멸시키고 말았다.

그런데 기적 같은 일이 일어났다. 유가족들이 살인범을 용서하기로 한 것이다. '위대한 용서'라는 말은 이럴 때 사용하는 것 같다.

> 당신은 내가 알고 있는 가장 아름다운 사람들을 죽였지. 내 살점 하나 하나가 다 아프다. 이제 우리 모두는 예전처럼 살아가지 못할 거야. 그러나 하나님이 너에게 자비를 베푸시기를 기도한다. 당신을 용서한다. 우리의 용서를 참회의 기회로 삼아 지금보다 더 나은 사람이 되기를 바란다(조선일보, 2015년 6월 22일 17면 "위대한 용서").

유가족들이 살인범을 용서하는 장면이 방송되면서 전 세계에 하나님의 사랑에서 비롯한 위대한 용서가 무엇인지가 알려졌다.

오래전 훈련받을 때 동기들 중에서 누군가가 작은 소리로 욕설을 뱉은 적이 있다. 너무나도 힘들고 짜증이 나는 상황에서 소대장에게 욕설을 한 것이다. 그런데 그것을 소대장이 듣고 말았다. 그 순간 다 죽었다고 생각했다.

"누가 그랬어? 나와!"

소대장의 낮게 깔린 목소리가 들리면서 당사자가 자수할 때까지 기합을 받는 살벌한 분위기가 이어졌다. 다들 죽을 맛으로 훈련을 받을 수밖에 없었고, 훈련의 강도가 점점 세졌다. 무리 중에서는 욕설을 뱉은 동기를 향한 원망 섞인 말들이 서슴없이 튀어나오고 있었다. 분위기가 점점 험악해질 무렵, "제가 그랬습니다."라는 소리가 들려왔다. 물론 그가 진범이 아니라는 것을 모두 알고 있었다.

그는 누군가를 대신해서 엄청난 어려움을 당했다. 그 모습을 지켜보는 우리의 마음은 안타까웠지만, 덕분에 혹독한 훈련이 마무리되어 속으로는 다행이라는 생각도 했다. 비겁했지만 인간의 마음의 실체를 다시 한번 느낄 수 있었다. 다행히 얼마 지나서 진범이 그를 찾아가 사과함으로 화해했다고 들었다.

그 일을 생각하면서 나중에야 깨달았다. 예수님도 그런 심정이셨을까? 물론 비교할 수 없겠지만 '그리스도께서 우리 죄를 대신해 그 혹독한 십자가를 지셨구나.'라는 생각을 조금이나마 해 보는 계기가 되었다. 군에서는 때로 한두 사람의 잘못으로 전체가 어려운 훈련을 받게 될 수도 있다. 여러 번 그런 일이 생기면 자신도 모르게 사고를 치는 전우가 미워질 수 있다. 그 순간을 조심해야 한다.

창세기 37장에는 요셉 이야기가 나온다. 요셉은 처음부터 무결점의 사람이 아니었다. 이집트로 팔려 가기 전에는 형제들이 그를 죽이고 싶어 할 정도로 형들의 미움을 받았다.

"…요셉이 십칠 세의 소년으로서 그의 형들과 함께 양을 칠 때에 그의 아버지의 아내들 빌하와 실바의 아들들과 더불어 함께 있었더니 그가 그들의 잘못을 아버지에게 말하더라 요셉은 노년에 얻은 아들이므로 이스라엘이 여러 아들들보다 그를 더 사랑하므로 그를 위하여 채색옷을 지었더니 그의 형들이 아버지가 형들보다 그를 더 사랑함을 보고 그를 미워하여 그에게 편안하게 말할 수 없었더라 요셉이 꿈을 꾸고 자기 형들에게 말하매 그들이 그를 더욱 미워하였더라"(창 37:2-5).

미움의 감정이 내면에 감지되는 순간, 그 싹을 잘라 내야 한다. 그렇지 않으면 훈련도 힘들고 그 누군가도 미워질 것이다. 훈련소 생활이 휴양 생활이 아닌데 얼마나 힘들고 어렵겠는가. 하루하루 지나도 영영 끝날 것 같지 않은, 길게만 느껴지는 기간이므로 괜한 짜증과 미움이 상대방에게 향할 수 있다. 그 순간, 단호히 이겨 내길 바란다. 그래야 전우가 제대로 보인다.

사람은 쉽게 변하지 않는다. 내가 원하는 대로 고쳐지리라 기대해서도 안 된다. 오히려 상대방을 먼저 이해하고 바라보는 편이 더 빠르다. 모든 사람을 다 이해하고 사랑하지는 못하더라도 전우를 미워하거나 다투면서 생기는 예기치 않은 문제에 연루되지 않기를 바란다.

사랑 같은 우정은 나를 견디게 한다

『인간의 모든 동기』에서 저자 최현석은 우정과 사랑을 구분해서 설명한다. 우정이 가지고 있는 기본적인 감정을 '좋아함'이라고 한다면, 사랑의 감정은 그 외에도 걱정, 보살핌, 의존, 즐거움, 외로움 등 여러 가지가 복합되어 있다고 한다. 우정은 객관적인 거리를 유지하며 독립성과 자유를 보장하기 때문에 일상생활에서의 즐거운 감정을 나눌 수 있는 반면에 사랑은 복잡한 감정들이 아우러져 있기 때문에 사랑할수록 감정 변화의 폭이 더 커진다는 것이다. 많이 사랑할수록 좋았다가 싸우고, 싸우다가 화해하는 것도 이 때문이다.

그런데 성경에서나 실제 믿음이 두터운 우정은 일반적인 우정과는 차원이 좀 다르다. 크리스천 간의 우정과 사랑은 그 경계가 더 많이 교차될 수 있다는 뜻이다. 우정을 가진 상태에서도 아껴 주고, 기도해 주고, 잘되기를 간절히 바라는 축복의 마음이 결합될 수 있다. 따라서 우정의 범주를 넘어 '주 안에서' 사랑하는 경우가 있을 수 있다.

성경에서 다윗과 요나단이 대표적인 예다. 사무엘상하에는 두 사람이 서로를 아껴 주고 사랑하는 마음이 잘 묘사되어 있다. 당시 요나단은 왕자였고, 다윗은 비천한 목동 출신이었다. 그런데도 요나단은 아버지 사울에 이은 다음 왕으로 자신보다는 다윗을 더 생각했다. 수많은 전투를 치르면서 서로를 위하고 도와주며 사심을 모두 버리고 서로가 잘되기를 진정으로 바랐던 우정을 가진 두 사람의 모습을 볼 수 있다.

다니엘과 그의 친구들도 그러했다. 나라가 망해 적국에 끌려가 있으면서도 위기가 닥쳤을 때 서로 기도를 부탁하고, 하나님을 신뢰하며 도와주는 우정을 성경을 통해 볼 수 있다. 우정으로 뭉친 신앙의 지조와 결단은 결국 적국에서도 하나님의 살아 계심을 만천하에 드러냈다.

"이에 다니엘이 자기 집으로 돌아가서 그 친구 하나냐와 미사엘과 아사랴에게 그 일을 알리고 하늘에 계신 하나님이 이 은밀한 일에 대하여 불쌍히 여기사 다니엘과 친구들이 바벨론의 다른 지혜자들과 함께 죽임을 당하지 않게 하시기를 그들로 하여금 구하게 하니라"(단 2:17-18).

이외에도 성경에는 자세히 기록되어 있지 않지만, 광야에서부터 믿음의 우정을 쌓았을 여호수아와 갈렙의 관계도 생각해 볼 수 있다. 둘은 40년 광야 생활을 함께 지냈고, 요단강을 건너 가나안 땅에서 정복

전쟁을 치르는 동안 서로 도우며 난관들을 헤쳐 나갔다.

군대도 마찬가지로 믿음의 친구를 만나 교제할 수 있는 좋은 공간이자 소중한 시기가 될 수 있다. 힘들 때 서로에게 힘이 되는 좋은 사귐은 평생 좋은 친구 관계로 유지된다.

24시간을 굶어야 하는 훈련을 받은 적이 있다. 꼬박 24시간이 지났을 때 4명당 귤 3개를 받았다. 다들 배가 고파 눈이 돌아갈 지경이었는데 고작 귤 3개를 4명에게 주다니 좀 잔인하단 생각이 들었다.

그런데 갑자기 흔치 않은 일이 벌어졌다. 한 동기가 자기 몫의 귤을 다른 동기에게 다 준 것이다. 이것은 24시간을 굶은 젊은 훈련병에게는 거의 불가능한 일이다. 그 사건은 모두에게 큰 감동을 선사했고, 그 일로 그는 지금까지도 동기들 사이에서 꽤 괜찮은 사람으로 꼽힌다.

비슷한 예가 하나 더 있었다. 훈련 중에 한 동기가 식사 금지를 당했다. 당시 훈련 목적상 사사로운 실수나 잘못을 꼬투리 잡아 식사를 금지해서 집중력을 높이고 인내심을 기르며 동료들의 반응을 보려는 것이었는데, 대부분 자신이 걸리지 않았다는 사실에 안도할 뿐이었다. 그런데 식사하는 모든 과정을 서슬이 퍼렇게 지켜보는 소대장의 시선을 피해, 한 동기생이 자기 우유를 품에 감추었다가 숙소에 들어와 굶고 있는 동기생에게 주는 모습을 직접 목격했다. 우유를 몰래 감춰 오는 자체가 불가능할 뿐만 아니라 그것을 다른 사람에게 주기란 당시의 상황으로 볼 때 절대 불가능한 일이었는데, 그 일을 해낸 것이었다.

이는 내가 지금까지 살면서 본 가장 아름다운 광경 중 하나다. 아마도 우유를 감춰 온 것이 발각되었다면 그 역시 몇 끼의 식사 금지 처분을 당할 수 있었을 텐데, 그것을 무릅쓰고 동기를 챙겼다는 것이 더 대단해 보였다. 그 일로 둘은 매우 친한 사이가 되었다. 또한 그 일을 계기로 좋은 친구를 만나려면 그만큼 자기 헌신과 사랑의 실천이 있어야 가능하다는 사실도 깨닫게 되었다.

그리고 훈련소에서 늘 함께하는 또 하나의 존재는 소대장이다. 처음에는 얼굴을 보는 것조차 불편하겠지만, 지내다 보면 자신들을 가장 사랑하는 사람이 소대장임을 알게 된다. 소대장은 훈련을 직접 시키고, 생활을 지도하고, 아프면 보살펴 주는 가장 고마운 사람이다. 훈련병들이 제대로 먹는지, 잘 자는지, 생활은 잘하는지 보이는 곳에서나 보이지 않는 곳에서 관찰하고, 약해지는 훈련병들을 도와준다.

지내면서 점점 느끼겠지만 소대장이야말로 훈련병들이 가장 믿고 따라야 하는 존재다. 훈련이 시작되기 전부터 진행되는 도중과 휴식 시간에, 그리고 마친 후에 다치거나 아픈 환자들을 확인하고, 그들이 잘 치료받고 회복되도록 애쓰는 사람도 소대장이다. 혹 훈련 기간에 소대장으로부터 강한 훈련을 받는 경우가 있더라도 오해하지 않기 바란다.

소대장을 생각하면 우리와 함께하시는 성령님이 떠오르곤 한다. 지나고 보면 같은 생각을 하게 될 것이다. 힘들고 지쳐서 주저앉고 싶고 포기하고 싶을 때 곁에서 함께하시며 힘을 주시고, 위로하시고, 격려해 주시는 성령님을 느끼게 될 것이다.

군대가 좋아졌다고는 하나 여전히 배고픔과 졸음, 피곤함과 긴장감이 훈련병들을 괴롭힌다. 이럴수록 인간의 본성은 드러나게 되어 있고 아주 사소한 것으로 서운해질 수 있다. 모두가 내 마음 같을 수는 없다. 심지어 극단적인 상황에 처하면 비겁한 행동을 하는 모습을 보게 될 수도 있다. 다른 사람에게 위로와 사랑의 손길을 내미는 것은 그냥 되지 않는다.

가장 유익한 비법은 여유를 갖는 것이다. 어렵다는 생각은 대부분 육체를 통해 들어왔다가 마음에서 확고해진다. 처음에는 좀 어렵더라도 눈길과 손길을 돌려 보면 작은 시간, 작은 손길, 귤 조각 몇 개, 우유 하나라는 작은 물질일지라도 다른 사람에게 건네는 여유를 찾을 수 있다.

"이같이 너희 빛이 사람 앞에 비치게 하여 그들로 너희 착한 행실을 보고 하늘에 계신 너희 아버지께 영광을 돌리게 하라"(마 5:16).

마른 땅에 물을 뿌리면 물이 닿자마자 땅속으로 사라진다. 땅은 애타게 물을 기다리고 있었던 것이다. 흠뻑 젖을 때까지 계속 물을 흡수할 것이다. 마찬가지로 크리스천 청년들이 먼저 작은 사랑과 친절을 베풂으로 그리스도의 은혜로 동료들을 적실 수 있기를 바란다. 그때 하나님이 지켜보시는 것은 말할 것도 없고, 좋은 신앙의 친구로 삼고 싶어 하는 누군가도 바라보고 있을 것이다. 그렇게 믿음의 신실한 친구를 만나는 기간으로 삼기 바란다. 받으려고만 하지 말고 나의 행동으로 높임 받으실 주님을 생각하고 헌신적인 모습으로 군 생활에 임하도록 하자.

예배, 참된 안식을 누려라

처음 군 교회에 갔을 때다. 훈련받는 입장이므로 줄을 착착 맞춰서 교회 입구에 도착했다. '드디어 교회에 가는구나.' 하는 생각에 마음이 벌써 들떠 있었는데, 입구에서부터 다정한 선배들과 예쁜 자매들, 군 가족, 여집사님들까지 서서 우리를 기다리고 있었다.

들어선 예배당에는 아름다운 찬양이 흐르고 있었고, 무척 푸근한 느낌에 그만 뭉클해지는 마음을 주체할 길이 없었다. 한 선배가 나와서 "괴로울 때 주님의 얼굴 보라 사랑의 주님 바라보아라."라고 찬양했다. 아는 사람들은 함께 부르자는 제안에 따라 찬양을 흥얼거리는 사이, 복받쳐 오르는 감정을 이기지 못하고 뜨거운 눈물을 쏟아 내기 시작했다. 그토록 힘든 훈련을 몸으로 겪어 내면서 누구도 의지할 수 없다고 생각했는데, 교회에 와서 마음이 무너지고 만 것이다. 실컷 울고 정신을 차려 보니 대부분은 자고 있었고, 몇몇은 얼굴에 눈물범벅이 되어 있었다. 그렇게 군에서의 첫 예배를 드렸다.

군에는 1천여 개 교회가 육·해·공·해병대 전 부대에 걸쳐 나뉘어 있다. 최북단 백령도에서부터 판문점 JSA교회, 심지어 바다에 떠 있는 군함에서도 크리스천 장병들은 매 주일 예배를 드리고 있고, 우리나라와 장병들을 위해 기도하고 있다.

훈련소에서는 첫 주부터 교회에 갈 수 있다. 첫 주라고 눈치 보지 말고 주도적으로 찾아보고 여쭤봐서 보장된 기회를 놓치지 말자. 군에서의 첫 예배는 뭐든 처음이라는 새로운 경험 때문에 기억에 오래 남아 있는 것 같다. 대부분 교회에 가서 울었던 기억을 말한다. 어떤 사람은 눈물을 흘리는 수준이 아니라 눈물 콧물 다 흘리면서 펑펑 울었다고 한다. 옆 사람이 울면 전염되듯 교회가 온통 울음바다가 되었는데, 그 모습이 지금도 눈에 선하다. 군복을 입은 짧은 머리의 군인 아저씨들 얼굴이 온통 눈물범벅이 되는 모습 말이다.

집을 떠나 낯선 훈련소에 와서 정신없이 훈련장 여기저기를 끌려다니다시피 하다가 주일을 맞아 포근한 교회에 들어가 의자에 앉는 순간, 왠지 모르게 가슴이 뜨거워지고 눈물이 하염없이 쏟아지는 경험을 하게 된다. 나 역시 마치 고향 교회에 온 듯했다. 특히 찬양을 부를 때 은혜에 푹 빠져들게 된다. 고향 교회 식구들이 생각나고, 교회에서 활동하던 추억, 청년부 형제와 자매들이 모두 보고 싶어진다. 예배 시간 내내 큰 은혜를 받고 다시 한번 하나님에 대한 첫사랑을 확인하면서 간식을 풍성히 받고 돌아온다.

  훈련소에 들어올 때까지 교회라는 곳에는 발길도 하지 않았던 사람 중에 무심코 교회에 따라왔다가 은혜를 받고 계속 출석하게 된 사람도 봤다. 이처럼 하나님의 구원 역사와 계획은 인간의 생각으로는 측량조차 할 수 없다.

  하나님이 한 주를 7일로 정하시고, 그중에 하루를 안식하게 하신 것이 얼마나 감사한 일인지 군에 가면 뼈저리게 느끼게 된다. 주일이 없다면 훈련을 쉴 수 없을 테니 말이다. 물론 기독교에서 말하는 안식과 휴식은 좀 다르다. 휴식은 육체적으로 지친 몸을 쉬는 것이지만, 안식은 모든 것을 하나님께 맡겨 드리고 심령의 짐부터 내려놓는 것을 말한다. 그러므로 군대에서도 주일이 되면 모든 것을 주님께 맡기고 예배에 집중하면서 참된 안식을 누리기를 바란다.

나를 낮게, 남을 낫게

　북한의 연평도 포격 도발이 있었던 직후인 2011년도 초에 영화배우 현빈 씨가 군에 들어갔다. 그것도 힘들다는 해병대를 지원했다. 그때 많은 팬들이 심히 걱정했다. 팬들의 사랑을 받으면서 군에 간 현빈 씨는 당시 훈련소에 들어온 동기들과 비교했을 때 많게는 10살 정도 차이가 났다. 그런데 똑같이 훈련에 임한 것은 당연하고, 힘들고 어려운 일들을 동료들과 같이 잘 해냈다.

　어찌 보면 당연하지만, 그 당연함이 많은 사람들에게 교훈을 주었던 것이 사실이다. 부대에 배치된 후에도 마찬가지였다. 많은 나이나 사회에서의 유명세를 의식하지 않고 자기의 위치에 맞게 성실하게 임무를 해낸 것으로 기억한다. '배우 현빈'이 아닌 '군인 김태평'으로서 겸손하게 자신의 일을 해낸 것이다.

서울대 음대를 다니다가 군악대로 들어온 병사가 있었다. 군 생활을 모두 마치고 전역을 앞둔 마지막 예배를 드리는데, 하나님께 자신의 목소리를 통해 감사와 영광을 올려 드리고 싶다면서 찬양을 했다. 그러면서 자신의 소감을 이렇게 밝혔다.

군에 오기 전에는 우리나라 최고의 대학교 학생이라면서 모든 사람들이 부러워하고 좋은 대우를 받았는데, 군에 와 보니 자신을 알아주는 사람이 없었고 평범한 병사처럼 취급되는 현실 때문에 입대 초기에는 힘들었다고 했다. 그렇지만 하루하루 지내면서 어떤 포장이나 수식어가 없는 진솔한 자아로 하나님 앞에 설 수 있었고, 지금은 오히려 감사하다고 했다. 자기가 잘났던 것이 아니라 하나님이 남다른 재능을 자신에게 주셨음에 오히려 감사하며 "찬양으로 하나님께 영광을 돌리라"는 명령임을 깨닫게 된 기간이었다고 말을 이어 갔다. 그리고 마지막으로 전역 후 앞으로의 삶에서도 하나님께 겸손한 아들로 살아가겠다는 다짐을 하고 우리 곁을 떠나갔다.

"겸손한 자와 함께 하여 마음을 낮추는 것이 교만한 자와 함께 하여 탈취물을 나누는 것보다 나으니라"(잠 16:19).

높아지려고 하는 게 세상의 이치다. 그래서 높아지려는 연습은 필요 없다. 그런 삶 속에서 낮아지려는 마음을 가진다는 것 자체가 어쩌면 불가능한 몸부림인지도 모른다.

"나는 마음이 온유하고 겸손하니 나의 멍에를 메고 내게 배우라 그리하면 너희 마음이 쉼을 얻으리니"(마 11:29).

그러나 예수님께 다시 방향을 고정하고 나면 예수님이 배우라고 하신 겸손을 군 생활을 통해 배울 수 있다는 데 공감하게 된다. 자발적으로 낮아지기가 어려우므로 기회가 주어졌을 때 군에서 배워 보자.

낮아지는 연습의 첫 단계는 역시 인사를 제대로 하는 것이다. 군대만큼 거수경례를 통해 상대방에게 인사를 많이 하는 곳도 없을 것이다. 보이는 사람마다 부지런히 인사를 하다 보면 자신이 얼마나 낮은 곳에 처해 있는지를 몸으로 경험하게 된다. 그다음 단계는 "남을 낫게 여기"라는 성경 말씀대로 상대를 대하는 것이다. 동료들끼리 있을 때나 상급자와 있을 때를 가리지 않고 '나를 낮게, 남을 낫게' 생각하면서 살아야 한다. 특히 소위 계급과 연차(이른바 '짬')가 쌓였다고 매우 교만해지는데 이때를 조심하자. 올라갈수록 밑에 있는 사람들을 챙기고 그들의 입장에서 생각할 필요가 있다.

"…오직 겸손한 마음으로 각각 자기보다 남을 낫게 여기고"(빌 2:3).

말은 쉽지만 행동은 쉽지 않다. 인사는 할 수 있지만 상대방을 나보다 낫게 여기는 것은 마음에서부터 시작되기 때문에 내적인 동의가 없으면 어렵다. 그렇지만 예수님은 우리에게 그렇게 하라고 가르치신다.

나는 오랜 고민 끝에 나보다 남을 낮게 여기는 것은 상대방의 말을 잘 들어 주는 것이라는 결론에 이르렀다. 군에서는 훈련 교관이나 소대장의 말을 잘 듣지 않고 자기 생각대로 움직였다가는 큰코다치기 쉽다. 겸손을 배워 감에 있어서 다른 사람의 말을 잘 듣고 행동에 옮기면서 훈련하고 실천해 보자.

겸손을 배우는 또 하나의 자세는 시선을 낮은 곳에 두는 것이다. 중장비를 운전하는 병사가 있었는데, 그에게 도움이 필요하다는 소식을 듣고 만났다. 이등병인 그는 밝고 잘생긴 병사였다. 어떤 어려움을 겪고 있는지 질문했더니, 그 맑은 눈에서 갑자기 굵은 눈물이 뚝뚝 떨어졌다. 순간 당황했지만 자초지종을 물었다.

그의 고향은 전북 김제였다. 부모님은 듣지도 못하고, 말하지도 못하는 분들이었다. 부모님께 소식을 어떻게 전하냐고 물었더니 수화기를 손가락 끝으로 두드리면서 통화를 한다고 했다. 그 소리를 듣고 너무나 놀라 말문이 막힐 정도였다. 이 시대에 그처럼 안타까운 처지에 놓인 병사가 있다고 생각하니 더 마음이 안 좋았다. 그 부모님이 자식을 군에 보내 놓고 얼마나 아들이 보고 싶었을까 하는 생각에 힘이 될 수 있는 방법을 찾아보았다. 동행했던 사람들과 상의해서 컴퓨터로 화상 전화를 할 수 있도록 도와주었다. 그의 부모님이 화상을 통해 수화를 하면서 좋아하시던 모습을 지금도 잊을 수 없다.

높은 곳에만 시선을 두면 하나님의 시선과 마주칠 수 없다. 높은 곳에는 하나님의 시선이 없기 때문이다. 낮은 곳을 찾으시는 하나님과 눈을 맞추려면 우리가 무릎을 꿇고 낮춰야 한다. 군에서 낮은 자란 누구일까? 계급이 낮은 병사, 몸과 마음이 아파서 누군가의 보살핌이 필요한 병사들이다. 낮은 자와 함께하는 것이 곧 예수님께 하는 것이라고 말씀하셨으니, 그 말씀을 따라 우리의 시선이 부지런히 낮은 자들을 찾아야 하겠다. 낮은 시선을 갖게 되는 것은 큰 은혜가 아닐 수 없다.

"…너희가 여기 내 형제 중에 지극히 작은 자 하나에게 한 것이 곧 내게 한 것이니라"(마 25:40).

훈련소에서 훈련을 받는 동안 억지로가 아니라 자발적으로 낮아지는 훈련을 해 보자. 나보다 다른 사람을 낮게 여기고, 어렵고 벅차게 삶을 살아가는 사람들에게 시선을 두면서 자신을 더 낮추는 모습을 배운다면 그 자체만으로 하나님의 큰 은혜임에 틀림없다.

망하는 최고의 방법, 교만

훈련의 막바지에 이르면 지금까지 훈련한 전투 기술을 종합해 '각개전투'라는 훈련을 한다. 이 훈련은 자신의 교만을 깎아 낼 수 있는 아주 좋은 코스다. 훈련 중에는 포복을 많이 하게 되는데, 낮은 포복부터 높은 포복까지 있다.

철조망이 없는 곳에서는 높은 포복으로 빠르게 전진할 수 있지만, 철조망을 통과할 때는 몸을 숙이지 않으면 철조망에 몸과 전투복이 걸려서 찢어진다. 급한 마음에 고개를 들었다가는 얼굴이 상할 수 있다. 철조망은 사람을 가리지 않고 고개를 쳐드는 것들은 모조리 찢어 놓기 때문이다. 몸을 낮춰야만 앞으로 갈 수 있다.

일부 훈련장에서는 실전 감각을 높이기 위해 실탄으로 철조망 위쪽에 사격을 하기도 한다. 물론 몸을 일으켜 세워도 맞지 않는 높이로 쏘지만 그 효과는 대단하다. 알아서 몸을 바짝 낮추게 되어 있다. 속도는 느리고 몸은 매우 힘들지만 앞으로 갈수록 몸을 더 낮춰야만 마지막 목표 지점에 승리의 깃발을 꽂을 수 있다. 마지막 고지를 향해 숨이 턱까지 차오르는 상태에서 전진할 때 훈련 교관들은 말한다.

"몸을 더 낮춰라. 안 그러면 아무도 책임 못 진다."

'교만의 불편함'은 '겸손의 편안함'과는 정반대다. 부유한 부모를 둔 덕에 용돈을 마음껏 쓰거나, 늦게 입대하다 보니 선임들보다 나이가 더 많거나, 다른 사람들보다 운동이나 외국어를 뛰어나게 잘하는 경우 스스로 조심해도 주변의 시선이 왠지 곱지 않은 경우가 많다.

사건 사고가 생겨서 그 원인을 확인해 보면 잘난 척하는 후임을 두고 볼 수가 없어서인 경우가 종종 있다. 유치하다고 생각할 수 있겠지만 현실은 현실이다. 따지고 보면, 문제는 사소한 데서 시작되는 경우가 많다. 스스로 조심하고, 겸손하려고 노력하지 않으면 가만히 있어도 자칫 문제가 될 수 있다는 뜻이다.

힘 있는 부모 덕분에 근무지를 서울로 옮기고, 후배들을 괴롭히다가 문제가 생겨 결국 당사자뿐만 아니라 그 과정에 연관된 많은 사람들을 난처하게 만든 경우도 있었다.

"달달한 음식은 배 나오는 데 아주 유익하다."라는 농담이 있다. 마찬가지로 성경은 '교만은 망하기에 매우 유익한 방법이다.'라고 가르쳐 준다. 누군가 망하는 데 가장 좋은 방법을 물을 때 '교만'이라고 답하면 틀림없을 것이다.

"사람의 마음의 교만은 멸망의 선봉이요 겸손은 존귀의 길잡이니라"(잠 18:12).

존 C. 라일은 인간에게 있어서 교만을 없애기가 가장 어렵다고 강조하면서 인간은 교만이라는 옷을 가장 먼저 입고, 가장 나중에 벗는다고 비유로 말했다. 그는 이 세상을 살아가는 크리스천의 3대 적이 있는데, 첫째가 교만이고, 둘째가 세속적인 삶이며, 셋째가 불신앙이라고 했다.

훈련소에서 교만의 마음을 없애지는 못하겠지만, 적어도 다스리는 계기를 마련할 수 있다면 좋겠다.

하나님이 보내신 곳이 내가 있을 자리

어느새 정해진 훈련을 모두 마치고 당당하게 수료를 하면 각각 배치될 부대로 떠나게 된다. 이때는 제법 군인다운 폼도 나고 어려운 훈련을 마쳤다는 나름대로의 자부심도 생긴다. 배치를 받은 부대로 떠나는 장면은 너무나 감동적이다. 장병들은 입대할 때도 흘리지 않았던 뜨거운 눈물을 보인다.

짧지 않은 훈련 기간 동안 사회에서 경험할 수 없었던 많은 일들을 해냈고, 다시는 맞이하고 싶지 않은 고통과 어려움의 순간도 이겨 냈다. 동기들과 힘들고 어려운 과정을 함께하며 맛보았던 희열과 감동을 무엇과도 바꿀 수 없는 소중한 추억으로 공유하게 되었다. 동기들만 나눌 수 있는 특별한 무언가가 서로를 감싸고 눈물 흘리게 하는 것이다.

훈련소에서 처음 만났지만 함께 교회에 가고, 눈빛만으로 서로 믿음의 형제임을 고백하며 믿음의 우정을 나눈 청년들은 더더욱 아쉽게 이 시간을 보낸다. 서로 신앙생활을 잘할 것을 당부하고, 기도 부탁도 하면서 헤어진다. 군복을 입은 군인들이 서로를 위해 기도하는 모습이 얼마나 아름다운지 모른다.

배치되는 부대가 결정되면 그 부대가 생활하기에 편한지를 따지게 되는 것이 당연지사다. 힘들다는 부대에 배치되면 낙심하거나 걱정하는 경우가 많은데, 크리스천 청년들은 예외이기를 바란다.

"…여호와께서 과연 여기 계시거늘 내가 알지 못하였도다"(창 28:16).

경제학 용어 중에 '우연히 주어진 초깃값'이라는 말이 있다. 물도 안 나오고, 전기도, 도로도 없어서 광야밖에 보이지 않는 국가가 있는가 하면, 자연환경과 발전이 모두 잘 이루어진 국가도 있다. 이처럼 초기부터 경제를 이끌어 가는 여건이 확연히 다를 때 양 국가의 초깃값은 다를 수밖에 없다.

이들이 처한 여건은 국민의 의도와 무관하게 주어진 것이다. 의지와 상관없이 사람이 세상에 태어나는 것과 같다. 부모와 국가를 선택해서 태어나는 사람은 없다. 모르는 사람들은 '우연히 주어진 초깃값'이라고 표현하겠지만 하나님을 따르는 신자들은 하나님의 섭리가 있다는 것을 안다. 우리가 훈련소를 수료하고 다음 근무할 곳으로 배치되는 과정도 마찬가지다. 당시는 알 수 없지만 배치되는 그곳에 내가 필요하기 때문에 하나님이 보내신 것이라 생각하고 받아들이자. 어디를 가든 하나님이 그곳에서도 함께하실 것이니 염려할 필요 없다. 그곳에 하나님이 계시지 않을까 봐 걱정할 것이 아니라, 내가 하나님이 안 계시는 듯 행동하는 것이 더 문제일 것이다.

"예수께서 나아와 말씀하여 이르시되 하늘과 땅의 모든 권세를 내게 주셨으니 그러므로 너희는 가서 모든 민족을 제자로 삼아 아버지와 아들과 성령의 이름으로 세례를 베풀고 내가 너희에게 분부한 모든 것을 가르쳐 지키게 하라 볼지어다 내가 세상 끝날까지 너희와 항상 함께 있으리라 하시니라"(마 28:18-20).

자신이 근무하고 싶은 곳과 하나님이 보내시려는 곳이 일치한다면 자신도 모르게 "할렐루야!" 하고 기쁨의 탄성이 나올 것이다. 물론 하나님이 모든 사람들을 원하는 곳으로 보내시는 것은 아니다. 군 생활을 하다 보면 깨닫게 되겠지만 자신에게 딱 맞는 자리라고 보장되는 곳은 없다. 하나님이 보내시는 곳이 우리가 처할 곳이고 우리에게 맞는 곳임을 기억하라.

좋고 나쁜 곳이 없다. 어렵고 힘들고 사랑이 없어 척박해 보이는 곳도 하나님이 함께하시면 형통함이 있다. 설사 예배드릴 교회조차 없는 곳이라 해도 '하나님이 나를 통해 이곳에 예배를 회복시키시리라.'는 마음으로 맡겨 주신 일들을 감당해야 한다.

꼭 알아야 할 군대 톡톡

군대에서 무엇을 위해 기도할 것인가?

가족	집에 있는 가족들의 평안과 하나님의 함께하심을 위해 기도합니다.
건강	훈련을 잘 감당할 건강을 주시고 재해와 여러 가지 위험에서 지켜 주시기를 기도합니다.
예배	매주 꼬박꼬박 주일 예배에 갈 수 있는 환경과 부대의 여건이 마련되기를 기도합니다.
봉사	군 교회에서 내가 해야 할 봉사의 일(군종병을 포함하여)을 찾을 수 있기를 기도합니다.
전도	군 생활하며 어디에서든 구원받을 영혼을 만난다면, 그 사람을 전도할 수 있기를 기도합니다.
믿음 친구	신앙생활을 함께할 '다윗과 요나단' 같은 믿음의 전우를 만날 수 있기를 기도합니다.

성경 읽기	주어진 시간을 잘 활용하여 틈나는 대로 성경을 많이 읽을 수 있기를 기도합니다.
좋은 관계	좋은 상급자와 선임을 만나고, 내가 선임이 되었을 때 좋은 선임이 될 수 있도록 기도합니다.
범죄 예방	악한 상황에 처하거나, 뜻하지 않게 범죄에 연루되는 일이 생기지 않기를 기도합니다.
세상 문화	음란, 음주, 담배, 폭력 등 세상 문화에 물들여지는 일에서 차단되기를 기도합니다.
임무 감당	주어진 임무를 잘 감당해서 부대 발전에 도움을 주어 하나님께 영광이 되기를 기도합니다.
영적 성장	하나님의 살아 계심을 군대에서 경험하고, 영적으로 성장할 수 있도록 기도합니다.

선배 톡톡

가장 빡센(?) 소대에 나를 배치하신 하나님

훈련소의 기억을 떠올리면 딱 두 가지가 떠오른다. '첫 예배'와 '동기'다. 입대해서 처음 맞은 주일은 예배를 드리지 못했다. 부대에서 급하게 동원 되어야 할 일이 있어서 훈련병들은 모두 '작업'에 동원되었다.

그리고 드디어 첫 예배를 드리러 교회에 가게 되었다. 예배당에 발을 딛는 순간, 들려오는 찬양 소리에 눈물이 나기 시작했다. 예배가 끝나는 순간까지 눈물을 멈출 수가 없었다. 힘든 훈련을 받다가 긴장된 마음이 풀려서라고 생각할 수도 있겠지만, 그 힘든 훈련 동안에도 하나님이 나와 함께 하셨던 것에 대한 감격이라고 생각한다. 예배의 감격에 무뎌진 청년이라면 입대 후 첫 예배가 그 감격을 되살려 줄 것이다.

그리고 또 한 가지가 동기다. 훈련소에서 처음 만나 제일 어색했다가 가장 끈끈해지는 관계로 바뀌는 입대 동기들, 특히 같은 소대에서 훈련을 함께 받게 된 동기들은 훈련을 마칠 때쯤 되면 이미 형제가 된다. 입대를 앞둔 믿음의 후배들이 있다면, 앞으로 만나게 될 동기들은 세상에서 둘도 없는 경험을 함께 나눈 전우들이니 자대에 가고 전역을 하더라도 마음을 나누고 연락할 수 있는 친구로 만들어 두라고 권하고 싶다.

퇴소를 앞둔 장병들의 가장 큰 고민은 자대 배치다. 내가 지원했던 공군은 훈련소에서의 평가와 시험성적을 토대로 장병들을 자대에 배치한다. 하지만 훈련소에서는 모두 최선을 다하기 때문에 누가 어디로 배치를 받게 될지는 장담할 수 없다. 1지망부터 3지망까지 희망하는 자대를 기록하면서 부대에 가서도 신앙생활을 잘 지켜 나갈 수 있도록 기도했다.

  하나님은 감사하게도 1지망으로 지원했던 부대에 나를 보내셨지만, 가장 빡센(?) 소대에 나를 배치시키셨다. 내가 근무하게 된 소대는 부대 내에서도 힘든 업무를 담당하고 있던 곳이었으나, 교회와 가장 가까운 곳에 있는 소대였다.

  이후에도 많은 우여곡절이 있었지만, 전역할 때까지 많은 신우회 활동을 할 수 있었고 믿음의 형제들을 만나 지금까지도 교제를 나누고 있다. 훈련소를 떠나면 모든 것이 새롭게 시작된다. 그리고 그 새로운 곳에서 나머지 군 생활을 보내야 한다. 막연히 집에서 가깝고 편한 부대를 기대하기보다는 자대에서의 신앙생활을 위해, 그리고 좋은 사람들을 만날 수 있도록 기도하면 좋겠다.

장완영, 서울서현교회, 서울가정법원 조사관

3장

부대 배치
첫 단추를 잘 끼우라

첫 승부, 신분을 드러내라

힘들고 어렵게만 느껴지던 훈련병 생활을 마치고 근무할 부대로 가면 바로 근무에 들어가지 않고 어느 정도 익숙해지도록 돕는 교육을 받게 된다. 일단 가 보면 막연하게 긴장했던 것보다는 괜찮은 선임들이 기다리고 있다. 앞서 이야기했듯이, 배치를 받은 그곳이 하나님이 보내신 곳이라는 확신을 갖고 정을 붙여야 한다. 그리고 또 하나, 그곳에 하나님이 미리 보내신 사람이 있다는 것도 기억하면 좋겠다. 하나님은 결코 우리를 힘한 곳에 혼자 보내지 않으신다.

처음 부대에 도착하면 개인 생활 지도부를 적는다. 상급자에게 신고와 면담을 하는 시간도 있는데, 기회를 봐서 자신이 크리스천임을 밝히면 좋겠다.

2015년 4월, "신은 죽지 않았다"(God's Not Dead)라는 기독교 영화가 개봉되었다. 여기서 '신'은 'God'을 번역한 것이므로 '하나님'으로 보면 되겠다. 즉 "하나님은 죽지 않았다"가 영화의 제목인 것이다. 영화의 내용은 이렇다. 대학생이 된 주인공이 자신이 신청한 첫 번째 철학 수업 시간에 반신론자 교수를 만난다. 교수는 단적으로 '신은 죽었다'(God is dead)라는 전제하에 수업을 진행할 것을 밝힌다. 그리고는 학생들에게 자신의 수업을 듣고 싶거든 나눠 준 종이에 '신은 죽었다.'라고 써서 제출하라고 한다.

수많은 연구 결과와 반신론자들의 주장을 섭렵한 교수의 강압적인 분위기에 눌려 결국 학생들은 '신은 죽었다.'라고 써서 제출한다. 하지만 단 한 사람, 주인공은 신앙의 양심에 따라 '하나님은 죽지 않았다.'라고 했고, 결국 몇 차례의 수업 시간을 통해 철학 수업 수강생들의 지지를 받고 하나님은 살아 계신다는 사실을 입증한다. 영화가 우리에게 주는 가장 인상적인 질문은 바로 수많은 사람들 앞에서, 특히 학식이 풍부하고 경험이 많은 사람 앞에서도 '여전히 하나님의 살아 계심을 시인할 수 있는가?'였다.

"누구든지 사람 앞에서 나를 시인하면 나도 하늘에 계신 내 아버지 앞에서 그를 시인할 것이요 누구든지 사람 앞에서 나를 부인하면 나도 하늘에 계신 내 아버지 앞에서 그를 부인하리라"(마 10:32-33).

군대는 영화와 달리 개인의 신앙생활을 도와주는 곳이다. 따라서 주저하지 말고 크리스천임을 표현하는 것이 좋다. 아무도 모르는 곳이니까 크리스천이라는 사실을 숨기고 적절하게 세상과 친해지고 싶다는 꿈은 아예 꾸지도 말라. 이용범의 『인간 딜레마』를 보면, 인간이 갖는 딜레마 중에 '익명의 딜레마'가 있다고 한다. '집단에 속해 있을 때 자신을 숨긴 채 자기가 하고 싶은 대로 할 것인가, 아니면 자신을 밝히고 다른 사람을 의식하면서 살 것인가?' 하는 딜레마다. 사람의 윤리 의식을 마비시키는 것은 익명성, 즉 자신을 감추는 것 때문인데 실명으로 할수록 윤리 의식은 높아지지만 그만큼 불편함을 감수해야 하기 때문이다.

그러나 크리스천 형제들은 딜레마에 빠질 필요가 없다. 하나님이 모르시는 곳은 결코 없기 때문이다. 처음부터 마음 약해지지 말고 자랑스럽게 크리스천임을 밝혀 보자. 이제부터가 본격적인 영적 싸움의 시작이다. 분위기에 휩쓸려 자신의 신앙을 미적지근하게 표현하거나 예수님을 믿는다는 사실을 부인한다면 여지없이 패하고 만다. 하나님의 일꾼이라는 정체성을 다 잃어버리고 술과 담배, 음란과 분노, 이기심과 교만이 휩쓰는 세상적인 흐름에 질질 끌려다녀서는 안 될 것이다.

"내가 네 행위를 아노니 네가 차지도 아니하고 뜨겁지도 아니하도다 네가 차든지 뜨겁든지 하기를 원하노라"(계 3:15).

초기 승부는 매우 중요하다. 첫 단추를 잘못 끼우면 영영 꼬이고 마귀에게 당하고 만다. 초기 승부 하면 다니엘이 떠오른다.

"다니엘은 뜻을 정하여 왕의 음식과 그가 마시는 포도주로 자기를 더럽히지 아니하리라 하고 자기를 더럽히지 아니하도록 환관장에게 구하니 하나님이 다니엘로 하여금 환관장에게 은혜와 긍휼을 얻게 하신지라"(단 1:8-9).

간혹 다니엘이 처한 당시 상황을 오해하는 사람들이 있다. 중국 음식점에 가서 "자장면 먹을래, 짬뽕 먹을래?" 하며 메뉴판을 놓고 고민하는 정도의 상황으로 생각한다면 아주 크게 오해한 것이다. 그러나 다음에 이어지는 말씀을 자세히 보면, 당시 상황이 매우 심각했음을 알 수 있다. 일단 왕이 직접 먹을 것과 마실 것을 지정한 상황에서 제대로 먹지 못해 행색이 초췌해지면 환관장이 왕에게 죽임을 당할 수 있었다. 이는 환관장이 다니엘에게 한 말을 통해 알 수 있다. 주는 대로 먹지 않아 자칫 일이 꼬이면 환관장도 죽고 다니엘도 죽을 수 있는 상황이라는 뜻이다.

그런 상황에서 다니엘이 시험해 보자고 제안을 한 것이다. 자기는 채식과 물만 먹을 테니 왕이 준 음식과 포도주를 먹는 다른 사람들과 10일 정도 지난 뒤 비교해 보자고 했다. 여기서 다니엘이 채소를 요청한 이유는 우상에게 바치는 음식이 아니기 때문이라는 식의 해석은 따질 문제가 아니다. 다니엘은 왕이 준 음식이 우상에게 바쳐진 것이든 아니든 음식을 통해서 자신이 더럽혀지는 것 자체를 거부했던 것이다. 다니엘의 메뉴판은 그야말로 사생결단의 메뉴판이었던 것이다.

그처럼 담대하게 하나님의 뜻을 행하려는 다니엘과 세 친구를 하나님이 어떻게 하셨는가? 결코 버려두지 않으셨다. 그들은 바벨론의 학문과 전통을 성실하게 배우고 익히면서 능력을 인정받은 것은 물론, 하나님이 더해 주신 지혜와 명철로 하나님의 능력과 거룩함을 드러냈다. 선임의 눈치나 주변 분위기에 휩쓸려서 하나님을 모른다고 배신하면 하나님이 무척 서운해하실 것이다. 그러므로 처음부터 당당하게 나는 예수님을 믿는 사람이고, 주일에 교회에 가야 하는 크리스천이라고 밝히고 시작하자.

3개월, 승부수를 던져라

'군 생활'이라는 말이 있듯이 모든 것은 생활에서 결정이 난다. 처음에는 자기 몸을 혼자 추스르기도 힘들지만, 서서히 적응하면서 군 생활이 파악되는 3개월 정도가 지나면 승부는 나게 되어 있다. "이번에 온 후임은 정말 괜찮은 친구야."라는 말을 듣기까지는 오랜 시간이 걸리지 않는다. 크리스천은 함께 지내는 동료들로부터 공감을 얻어 낼 수 있어야 한다. 처음부터 선임들과 윗사람들에게 진솔하고 성실하게 대하면 공감을 받는 것이 크게 어렵지는 않을 것이다.

어느 목사님이 예수님을 믿고 목사가 된 사연을 소개하는 이야기를 들었다.

"내가 예수님을 믿기 전에는 완전 구제불능이었지. 막 나가는 성격에 안하무인의 생활을 했어. 군에 갔을 때도 마찬가지였지. 졸병 시절에는 입 꽉 닫고 살았는데 고참이 되면서 그 버릇이 다시 나오더라고. 난로를 피울 때니까 초겨울쯤이었어. 하루는 외출을 했어. 나가서 실컷 술을 먹었는데 그날 비가 많이 와서 길이 축축했고 물도 많이 고여 있었지. 저녁이 되어 부대로 들어올 때는 옷도 젖었고, 술에 취해 있었고, 군화는 진흙 범벅이 되어 있었어.

내무반에 들어와 보니까 아, 그놈의 졸병이 또 엎드려서 성경을 읽고, 또 기도하는 그 짓을 하고 있지 않겠어? 얼마 전 새로 온 졸병이 있었는데 그 녀석은 저녁이 되면 꼭 성경을 읽고 기도를 해서 되게 신경 쓰이게 하는 거야. 그래서 내가 욕을 해대고 그랬지.

그날도 그러기에 내가 군화를 확 집어 던졌어. 아마 그 친구는 흙덩어리를 뒤집어썼을 거야. 그리고 난 잠이 들었지 뭐야. 자다가 목이 말라서 물을 찾았는데 누가 물을 주더라고. 주는 대로 마시고 또 잤다가 아침에 깨어났지. 그리고 군화를 신는데 신발이 깔끔한 거야. 어제 흙덩어리가 묻어 있던 군화가 새것처럼 깔끔해진 거지. 순간 머리가 띵하더라고. 그리고 그 졸병을 쳐다봤더니 살짝 표시 안 나게 웃기만 하는 거야. 내가 졌지. 난 그때 내가 태어나서 바보 같다는 생각이 처음으로 들었어. 물어보니까 그 졸병 녀석이 신발을 난로에 말려서 다 닦아 놓고, 내가 목이 마르다고 하니까 물까지 준 거였더라고. 다른 사람 같으면 어떻게 그럴 수 있었겠냐고. 아니, 그럴 수 없는 거지. 자기를 괴롭히는 못된 선임한테 어떻게 그렇게 할 수 있겠어.

그날이 계기가 된 거야. 그 졸병에게 솔직하게 사과하고, 그 친구 따라서 교회에 갔어. 당시에는 창피하게 이게 뭔가 하는 생각도 들었지만 지금 생각해 보면 하나님의 은혜였어. 그 친구가 예수님의 사랑이 뭔지 제대로 보여 준 거지. 그 친구에게 정말 고맙게 생각해. 그러니까 지금 사람 구실하고 사는 거지. 더군다나 목사가 되었으니 감사한 일이야."

부대에는 성격이 특이한 선임들도 있을 수 있다. 그리고 동료의 신앙생활을 이해하지 못하거나 기독교에 대한 반감이 강한 이들도 있을 수 있다. 그러나 버텨야 한다. 절대적으로 중요한 초기의 3개월을 기억하자. 예수님 믿는 향기는 억지로 낼 수 있는 것이 아니다. 매일 뒹굴고 땀을 흘리는 전우들과 부대끼는 현장에서 자연스럽게 다른 사람의 입을 통해 전해지게 되어 있다.

함께 생활하는 이들을 이해하고 사랑하라고 조언하고 싶다. 군 생활 동안 만나게 되는 전우나 선·후임들이 모두 내 마음에 맞으면 얼마나 좋겠는가. 그냥 좋아하고 사랑해 주면 되니까 아무 고민도 없을 것이다. 그러나 그런 사람을 만나기란 쉽지 않다. 성격이나 사고방식이 다른 사람을 사랑하기란 결코 쉬운 일이 아니라는 사실도 배우게 될 것이다. 그래서 더 다른 사람을 이해하고 사랑하라고 말하는 것이다.

자신과 맞지 않는 선·후임 간에 담을 쌓고 분리된 마음으로 살아간다면 그 마음에 무슨 평안함이 있겠는가. 입장을 바꿔 생각했을 때, 나 역시 모든 사람에게 호감을 줄 것이라고 자신할 수 있는 사람이 세상에 몇 명이나 되겠는가. 힘들겠지만 우선 3개월만 잘 적응하자. 지금 당장 살고 있는 곳에 적응하는 데 집중하자. 그러다 보면 인생도 배우고, 어느새 소속 부대에 꼭 필요하면서도 중요한 사람이 되어 있을 것이다. 그리고 3개월을 잘 보내다 보면 후임들이 들어온다. 희망이 있다.

간혹 어떤 이들은 불평과 원망이 많다. 핑계도 많고 매사에 부정적인 경향이 있다. 그렇다 보니 표정도 밝지 않고 상대방을 불편하게 대하곤 한다. 그들은 자신뿐만 아니라 다른 사람들도 피곤하게 만든다. 모든 사람이 적응을 잘하고 훈련을 잘 받으면 좋겠지만 기대와 달리 힘들어하는 장병들도 있다. 집에 전화해서 어떻게든 부대에 연락해서 도와달라고 부모님께 부탁하는 경우도 있다. 안타깝지만 집에서는 아무것도 해결해 줄 수 없다. 군에서 이겨 내야 할 일은 군에서 이겨 내야 한다. 부모님이 아니라 본인만이 해결할 수 있기 때문이다. 군대 내 상담 프로그램이 잘 되어 있어 이를 이용하는 것도 하나의 방법이다.

요즘에는 병사의 부모님들이 참여할 수 있는 인터넷 밴드나 카페 같은 커뮤니티가 잘 형성되어 있다. 긍정적인 면으로 참여하면서 적절하게 믿음을 촉발시키는 방법으로 활용하면 좋겠다.

주일 성수, 반드시 사수하라

 생각해 보면 신앙생활의 모든 면에서 아무런 대가 없이, 혹은 시련 없이 신앙생활을 지켜 온 역사가 없다. 이는 군에서도 마찬가지다. 그중에서 가장 중요한 것이 있다면 바로 주일 성수다. 주일 성수는 군 생활에서뿐만 아니라, 인생 전체에 걸쳐 반드시 기둥처럼 세우고 지켜 가야 하는 것이다. 이를 위해 감수해야 할 것이 있다면 당연히 감수해야 한다.

 군 생활을 시작할 때부터 하나님께 약속하자. 군 생활을 마칠 때까지 불가피한 경우를 제외하고는 모든 주일에 예배를 드리면서 하나님과 함께하겠다고 말이다. 주일 성수는 십계명 중 네 번째다.

 "안식일을 기억하여 거룩하게 지키라"(출 20:8).

"너는 이스라엘 자손에게 말하여 이르기를 너희는 나의 안식일을 지키라 이는 나와 너희 사이에 너희 대대의 표징이니 나는 너희를 거룩하게 하는 여호와인 줄 너희가 알게 함이라 너희는 안식일을 지킬지니 이는 너희에게 거룩한 날이 됨이니라 그 날을 더럽히는 자는 모두 죽일지며 그 날에 일하는 자는 모두 그 백성 중에서 그 생명이 끊어지리라 엿새 동안은 일할 것이나 일곱째 날은 큰 안식일이니 여호와께 거룩한 것이라 안식일에 일하는 자는 누구든지 반드시 죽일지니라"(출 31:13-15).

영적으로 팽팽한 긴장감 속에서 맞이한 현지 부대에서의 첫 예배가 기억에 남는다. 부임 후 첫 주일 아침이 되었지만, 주변 사람들은 교회 가는 것에 별 관심이 없어 보였다. 그대로 시간이 지나가 버리면 주일을 지키지 못하는 것이었다. 마음이 초조해졌고, 또다시 기도할 수밖에 없었다.

"예배에 참석할 수 있는 길을 열어 주세요, 하나님."

예배에 가고 싶은 마음이 간절함에도 소심하게 말도 못하고 있었는데, 주일 아침 출근하던 중대장이 "야, 3소대장! 너 교회 다닌다고 했잖아? 교회 다녀와라." 하면서 중대장실로 들어가는 것이 아닌가. 이런 극적이고도 기막힌 내적 희열을 느낄 때마다 정말 마음이 기쁘다. 그때 나는 한술 더 떠서 "교회 다니는 다른 병사들도 데리고 갔다 오겠습니다."라고 말하고 허락을 받았다. 즉시 방송을 통해 교회에 가고 싶은 병사들은 모두 준비하고 부대 앞으로 모이라고 전했고, 수십 명의 병사들이 쏟아져 나왔다. 새내기 소대장이 그들을 3열 종대로 데리고 가던 그 때의 심정은 정말 감격스러웠다.

우리는 부대 주변에 있던 마을의 교회로 몰려갔다. 당시 우리 부대 주변에는 군 교회가 없어서 아주 적은 수의 병사들만 마을 교회를 다녔다고 했다. 수십 명이 한꺼번에 몰려온 그 교회는 당연히 난리가 났다. 그렇게 시작된 주일 예배는 매주 계속되었다. 교회에서는 우리가 갈 때마다 별도의 자리를 배려해 주었고, 덕분에 은혜롭게 예배를 드릴 수 있었다. 예배를 마치면 교회 여집사님들이 정성껏 준비해 주신 점심을 모두 흐뭇하게 먹을 수 있었다. 성탄절에는 교회에서 먹을거리를 준비해 와서 우리 중대가 파티를 열기도 했다.

그러자 "저도 사실은 군에 오기 전에는 교회에 나갔습니다."라며 그 동안 자신이 크리스천임을 숨기고 있던 병사들도 합류하게 되었고, 함께 신앙생활을 하는 장병들이 더 많아졌다. 분위기는 당연히 좋아질 수 밖에 없었다.

물론 항상 모든 것이 순조로운 것은 아니다. 자신의 믿음을 지키기 위해서 나름대로 혹독한 과정을 버텨 내는 사람들이 더 많다. 한 병사의 경우, 처음 전입해서 교회에 가겠다고 하니까 선임들이 그가 밖에 나가고 싶어서 교회 가겠다는 핑계로 거짓말을 하는 줄 알고 이것저것 작업을 시켰다고 한다. 심지어는 괴롭히면서까지 교회에 가지 못하도록 막았다고 한다. 그러나 그는 예배에 참석만 할 수 있다면 작업도 하고, 때리면 맞겠다고 했다. 결국 몇 주간 혹독한 과정을 거친 후 고참

선임이 "야, 그놈은 진짜니까 앞으로 교회에 갈 수 있게 해 줘라." 하고 말하더란다.

> "이에 예수께서 제자들에게 이르시되 누구든지 나를 따라오려거든 자기를 부인하고 자기 십자가를 지고 나를 따를 것이니라"(마 16:24).

우리가 주님을 부인하고 악을 행하고 있을 때, 주님은 그런 우리를 구원하기 위해 십자가를 지시고 죽기까지 우리를 사랑하셨다. 그 사랑을 받아 살아가는 우리는 주님을 위해 한 일이 없다. 오로지 태어나서 군에 갈 때까지 자신만을 위해서 살았다. 우리의 삶의 목표와 계획 속에 하나님은 없었다. 그러나 이제 군 생활을 통해 나를 향한 하나님의 계획과 선한 뜻을 구별해야 한다. 그 시작을 주일마다 하나님께 예배드리는 것으로 해 보라.

요즘은 자신의 의지만 있으면 교회에 갈 수 있다. 예전에는 교회에 목숨 걸고 갔다는 간증이 많았는데, 이제는 스스로 나태함과 피곤함에 져서 주일 예배에 참석하는 것을 적당히 그만두는 모양새를 보게 된다. 주말 같은 경우 핸드폰을 아침부터 소지하게 되는데, 이로 인해 주일 성수를 못 지키는 경우가 대다수이다. 예배 시작 30분 전 알람을 설정해 놓는 등의 적극적인 조치가 필요하다.

훈련소에서는 훈련소 나름대로 모든 동기들이 함께 예배를 드리러 갔다. 그러나 각 부대에서는 교회에 가는 사람이 별로 없는 경우 쉬고 싶은 유혹에 빠지기 쉽다. 휴일이 되면 단체로 운동을 하거나, 책을 읽거나, 세탁을 하는 등 대부분 휴식을 취한다. 자유로운 시간을 보내면서 쌓인 피로를 풀고 외출이나 면회도 한다. 오전에 취침하는 전방 부대를 제외하면 대부분 오전에 종교 활동을 하기 때문에 각 종파별로 준비를 한다. 이때 흔들리지 말고 조금 피곤하고 다른 할 일이 있다 해도 예배만큼은 양보할 수 없다는 각오를 단단히 하면 좋겠다.

어느 정도 군 생활을 하다가 여유가 생기고 눈치 볼 일도 없어졌을 때 교회에 가겠다고 생각하면 이미 진 것이다. 주일 성수는 여건이 된다고 해서 하고, 여건이 안 되면 미룰 만한 것이 아니다. 주일 성수가 무너지면 신앙생활의 기둥이 사라지는 것이라고 보면 틀림없다. 아무리 인생의 지붕을 떠받치고 싶어도 기둥이 없다면 불가능하다. 부대 여건은 다양하지만, 사모하는 자에게 하나님이 예비하신 길이 반드시 있다는 것을 잊지 말자.

성경을 보면, 노아, 아브라함, 이삭, 야곱, 다윗 등 위대한 믿음의 조상들이 장소를 옮기거나 새로운 터를 잡을 때 빠뜨리지 않고 가장 먼저 한 일이 있다. 바로 하나님께 예배드린 것이었다. 이는 "이곳에서도 하나님만을 의지하고 경외하며 살겠습니다. 하나님이 앞길을 인도해 주세요."라는 신앙의 고백이자 다짐일 것이다.

주일에 맞춰 군복을 깨끗하게 세탁해 교회에 입고 가고, 얼마 안 되는 월급에서 헌금을 준비해 자발적으로 내 보자. 그리고 나서 하나님이 우리의 삶을 어떻게 인도해 가시는지 소망을 가지고 지켜보자.

하나님이 보내 주신 위로의 종 - 군종장교, 군선교사

　우리나라에는 군종 제도가 있다. 1950년도부터 시작된 군종 제도를 통해 학식과 영성이 우수한 목사님들이 선발되어 장병들의 신앙을 지도하고 인격과 인성에 좋은 교육도 담당해 주고 있다. 현재 우리나라에 약 240여 명의 군종 목사님과 550여 명의 군선교사 목사님들이 전후방 여러 곳에서 크리스천 장병들과 군 교회를 섬기고 있다. 군종 목사님들과 군선교사님들의 차이는 군종 목사님들은 군인의 신분이지만 군선교사 목사님들은 민간인 신분이며 자비량으로 군이라는 곳을 선교하는 전문 사역자를 말한다.

　2010년, 무척 추운 겨울날이었다. 연평도에 북한의 포격이 있은 지 일주일이 지난 때였다. 평화로운 연평도에 무자비한 북한의 포격이 있고 난 후, 해병대연평교회에서 맞은 첫 번째 주일 예배 시간이었다. 이 교회를 담임하는 하 목사님이 예배 전에 기타를 퉁기며 찬양을 인도하고 있었다. 얼굴에는 콧물이 계속 흘렀다. 함께 찬양을 부르는 병사들과 내 얼굴에도 콧물이 흘렀다. 너무 추워서 흐르는 콧물을 막을 수가 없었다. 포격으로 출입문이 깨지고, 창문도 성한 곳이 없었다. 전기도 끊겼고 난방도 되지 않았다. 언제 또 적이 포격을 해 올지 모르는 터라 철모를 쓰고 방탄복을 입은 채 하나님께 예배를 드렸다. 그리고 대한민국과 연평도를 지켜 달라고 한목소리로 기도드렸다.

연평도에 북한의 포격 도발이 있었던 2010년 11월 23일, 불바다가 된 연평도에서 대피하라는 방송이 들리는 가운데서도 소화기로 탄약고에 붙은 불을 끄고, 피를 철철 흘리며 의무대에 실려 온 부상 장병들을 안아 주며 기도해 준 군종 목사님이 있었다. 피가 묻은 손을 잡은 채 숨을 거둔 해병의 마지막을 함께했던 그분은 "내가 그때 그 해병을 위해서 기도 말고는 아무것도 해 줄 수 없었다는 것이 너무나도 마음이 아프다."라고 말했다.

며칠 동안 전기와 물이 중단되었다. 장병들은 세면도 제대로 못하는 상황에서 며칠을 지내야 했다. 발을 씻지 못하면 군화에 찌들어 발이 온전치 못하리라는 것을 알고 있는 목사님은 기독교 단체로부터 받은 물티슈를 들고 장병들을 찾아다니면서 군화를 벗기고 발을 닦게 해 주었다. 마치 현대판 물티슈 세족식이 된 것이다.

당시 현장 보도본부의 책임을 맡고 있던 나는 목사님과 직접 만나 이야기를 나눌 기회가 있었다. 그때 자신의 안위는 상관없이 병사들에 대한 관심으로 가득한 그분의 모습을 보며 '이래서 목사님이구나.'라는 생각을 했다. 초임으로 연평도에 배치되었고, 병사들을 사랑했던 하 목사님의 모습을 함께 지켜본 많은 병사들은 그분을 결코 잊을 수가 없을 것이다.

군대에서 신앙생활을 잘할 수 있는 비법 중 하나는 교회에 가서 군종 목사님께 자신을 있는 그대로 소개하고, 신앙의 지도를 부탁하는 것이다. 혹시라도 찾아가지 못할 형편이라면 목사님이 부대를 찾아올 때 자신을 알리고 부탁드려 보자. 그들은 돌봐 줘야 할 병사들이 눈에 띄면 물불을 가리지 않고 도움을 베풀어 준다. 어려움이 있을 때 주저하지 말고 군종 목사님께 손을 내밀어 보라. 좋은 해결책을 마련해 줄 것이다. 그들은 추운 겨울날, 아무도 없는 외롭고 차가운 전방의 골짜기에 껌, 사탕, 초콜릿, 따뜻한 커피 등을 준비해서 찾아다닌다. 특히 전방에 있는 군종 목사님들 대부분은 전 철책을 걸어 다니면서 장병들을 위로하고 격려하며 기도해 준다.

한참 전의 일이지만 마음에 남아 있는 이야기가 있다(경기일보, 2000년 5월 18일). 27년간 장교로 군 생활을 마치고 신학을 공부한 목사님이 한 분 있었다. 여생을 병사들과 함께하겠다고 하나님과 약속하고, 군을 찾아가 어느 곳이든 좋으니 비어 있는 교회에 보내 달라고 요청했다. 사실 교회는 1천여 곳이나 되는데 군종 목사님은 많이 부족한 실정이라서 한 분이 여러 교회를 맡아도 목사님들이 턱없이 부족한 상황이다. 그래서 일반 성직자를 초빙하고 있는 실정이다.

그분은 양주의 육군경성교회로 가게 되었고, 퇴직금으로 기타, 드럼, 키보드 등 악기를 구입해 예배에 활기를 불어넣었다. 승합차를 구입해 부대와 훈련장을 찾았고, 겨울철이면 병사들의 언 손을 잡아 주었다. 주일 예배 후에는 2시간 거리의 철책선 교회까지 돌봤고, 전방 소대에 각종 운동 기구를 채워 주었다. 그런 목사님께 병마가 찾아왔다. 폐결핵과 전립선암까지 겹친 그분은 이렇게 회상하며 말했다.

"포기하고 싶었고 쉬고 싶었습니다. 그러나 하루는 교회 옆을 지날 때 나를 위해 기도하는 한 병사의 기도 소리를 듣고 매우 감동이 되어 힘을 얻었고, 죽는 날까지 그들과 함께하겠다고 다짐했습니다."

2000년 5월 14일, 부대 교회에서는 특별한 예배가 열렸다. 목사님이 목회를 시작한 지 10년째 되는 날로, 은퇴 예배를 겸해서 드리는 시간이었다. 그러나 목사님은 보이지 않았고 사모님만 목이 멘 소리로 목사님이 남긴 편지를 대신 읽었다.

"오늘이 하나님과 장병 여러분께 봉사하겠다고 약속한 지 10년째 되는 날입니다. 많은 일을 못하고 먼저 떠나게 되어 미안합니다."

목사님은 병세가 악화되어 참석할 수 없었고 그 자리에 모인 250여 명의 장병들은 그 소식에 눈시울을 적셨다. 군종병이 장미 30송이를 사모님께 대신 전달했다. 사모님은 식당에서 버는 수입으로 2남 1녀를 뒷바라지하며 어렵게 생활을 꾸려 왔다. 그해 7월, 목사님은 예수님의 품에 안겼다. 박인승 목사님의 이야기다.

1950년대에 도입된 군종 제도는 해군이 1950년 2월에, 육군이

1951년 2월에, 공군이 1952년 3월에 시작했다. 6·25전쟁 당시 UN 연합군에도 약 140여 명의 군종 목사님들이 참전해 장병들을 위로하며 전쟁 중에서도 하나님께 예배를 드렸다.

1950년에 카투사로 미 3사단에 소속되어 참전했던 김시한 장로님은 한 일간지와의 인터뷰를 통해 전쟁 중에도 주일이 되면 미군 병사들과 함께 들판에서 예배를 드렸다고 증언했다. 특히 당시 군목들은 죽음을 두려워하지 않고 임무를 완수하는 책임감을 보였다고 하면서, 함께 근무했던 군목은 적의 총탄에 맞아 부상을 입었는데도 불편한 몸을 이끌고 전선을 돌며 예배를 인도했다고 증언했다(국민일보, 2015년 6월 25일).

특히 전쟁 당시에 오갈 데 없이 추위와 배고픔에 시달리던 수많은 고아와 어린아이들이 군종 목사님들의 보호를 받으며 양육된 사실은 우리에게 여간 고마운 일이 아닐 수 없다. 당시 활동하던 분들 중에서 14명의 목사님들이 전사했다.

우리나라에 군종 제도가 도입된 후 지금까지 수많은 군종 목사님들이 이처럼 하나님의 손과 발이 되어 하나님이 부탁하신 장병들을 섬기고 있다. 사랑의 헌신을 아끼지 않는 군종 목사님들을 보고 "전역하면 목사님이 계시는 곳으로 따라가서 섬기겠습니다."라고 고백하는 현역 장병들을 종종 볼 수 있어 감사하다. 군종 목사님들은 열악한 환경이지만 성직자라는 위치에 있기 때문에 하나님 한 분 외에는 누구에게도 고충을 말할 수가 없다. 그들을 위해 기도하고 사랑으로 섬기면 좋겠다.

하루에 한 가지씩 손해 보기

하나님이 우리에게 주신 삶의 원칙은 심은 대로 거두는 것이다. 누구든지 심지 않으면 거둘 수 없다. 인간이 자신의 영역에서 최선을 다해 땀과 눈물을 흘리면 그 고귀한 대가는 하나님이 열매로 맺게 하신다. 이 원칙은 군에서도 마찬가지다.

"눈물을 흘리며 씨를 뿌리는 자는 기쁨으로 거두리로다"(시 126:5).

'하루에 한 가지씩 다른 사람에게 손해 보기'를 실천하는 한 형제가 있었다. 무엇인가를 심겠다는 것이다. 처음에는 무엇을 하든 다른 사람을 위해 손해 보는 선택을 하는 그를 보며 이유가 궁금했다. 비밀은 그의 노트에 있었다.

기도 노트에 '매일 한 가지씩 다른 사람을 위해서 손해 보기'라고 쓰여 있었다. 서로 이익을 챙기려는 세상에서 왜 손해를 보겠다는 말인지 의아했지만, 함께 지내면서 그야말로 도저히 따라갈 수 없는 영적 내공을 소유하고 있음을 깨달았다.

그는 손해 보는 일이 생길 때 받아들이는 용기가 다른 사람보다 매우 탁월했다. 누군가 남아야 하면 자신이 남았고, 누군가 가야 하면 자신이 주저 없이 갔다. 누군가 양보해야 하면 자기가 양보하고, 누군가 나중에 받아야 하면 자신이 나중에 받았다. 누군가 돈을 내야 하면 주저하지 않고 자신이 냈다. 책을 살 때는 두 권을 사서 다른 사람에게 한 권을 주었다.

그의 수식어는 늘 '빚진 자'다. 자신의 이름 앞에 '빚진 자'라는 말을 표기한다. 자신은 하나님께 사랑의 빚을 졌기 때문에 하나님께 갚아야 하고, 다른 사람에게도 갚아야 한다는 것이다. 그런 그의 삶은 사람들에게 예수님의 향기를 전해 준다.

최전방 백령도에서 근무하던 시절의 일이다. 그날 밤은 비가 강하게 내렸다. 한 취사병이 배를 움켜잡고 끙끙 앓기 시작했다. 마땅한 약이 없던 터라 매우 난감한 상황이었다. 그때 구석에 있던 분대장이 비옷을 꺼내 들고 나섰다. 민가에 있는 약국에 가서 문을 두드려서라도 약을 받아 오겠다는 것이었다.

제법 먼 산길을 다녀와야 했다. 비가 세차게 오는 가운데 차도 없이 작은 손전등 하나를 들고 문을 박차고 나갔다. 한참이 지나 분대장이 온몸이 비에 젖은 채 약을 품에 안고 돌아왔고, 약을 먹은 병사는 곧 통증을 가라앉히고 잠을 잘 수 있었다. 그리고 아무 일 없는 듯 지나갔다.

그런데 며칠 후 주일이 되어 분대장과 함께 교회에 가겠다고 나서는 병사가 있었다. 아파서 뒹굴었던 병사였다. 주일이 되면 우리 부대까지 마을 교회 승합차가 왔다. 예배에 참가하고 싶은 병사들이 점점 많아져서 목사님께 부탁을 드렸더니 보내 준 것이었다. 그 주일부터 분대장 옆에는 그 병사가 함께했다. "교회에 예쁜 아가씨들이 많이 있다면서요?"라며 능청을 떠는 그를 전도한 것은 분대장이 열심히 심은 사랑의 실천이었다.

마태복음 6장에서 예수님은 남을 구제할 때 은밀하게 하라고 가르치셨다.

"사람에게 보이려고 그들 앞에서 너희 의를 행하지 않도록 주의하라 그리하지 아니하면 하늘에 계신 너희 아버지께 상을 받지 못하느니라 그러므로 구제할 때에 외식하는 자가 사람에게서 영광을 받으려고 회당과 거리에서 하는 것 같이 너희 앞에 나팔을 불지 말라 진실로 너희에게 이르노니 그들은 자기 상을 이미 받았느니라 너는 구제할 때에 오른손이 하는 것을 왼손이 모르게 하여 네 구제함을 은밀하게 하라 은밀한 중에 보시는 너의 아버지께서 갚으시리라"(마 6:1-4).

흐르는 물에 음식을 띄워서 보내면 아래에서 받아 먹는 사람은 누가 보내는지 알 수 없고, 위에서 보내는 사람도 누가 아래에서 받아 먹으며 배고픔을 달래는지 알 수 없다. 이것이 바로 성경이 가르치는 이타주의다.

갚을 수 없는 사람에게 선을 베풀라는 것이다. 이 모든 것은 예수님이 우리에게 말씀하신 '황금률'의 진정한 뜻에 담겨 있다. 즉 남이 나를 어떻게 대하든 대우받고 싶은 대로 대우해 주라는 뜻이다.

"그러므로 무엇이든지 남에게 대접을 받고자 하는 대로 너희도 남을 대접하라 이것이 율법이요 선지자니라"(마 7:12).

예수님이 가르쳐 주신 것은 '호혜적'이 아니다. 먼저 손해 본다는 마음으로 다른 사람이 어떻게 하든 상관없이 선을 베풀라는 것이다.

담배와 술, 진정한 위로일까?

 입대한 군인들은 전우애를 나누고 군 생활에서 받는 스트레스와 긴장감을 해소한다는 이유로 자연스레 담배를 피운다. 같이 담배를 피우면서 서로의 우정을 돈독하게 한다. 속상함도 풀리고, 마치 동호회처럼 마음도 통한다고 한다. "학연, 지연, 근무연보다 흡연이 제일 세다."라는 농담이 있을 정도다.
 갈수록 흡연을 시작하는 연령이 낮아지고 있고, 남녀 구분도 없어지고 있다. 그러나 명심할 것은 한 번 발을 들여놓는 순간, 절대로 빠져나올 수 없는 것이 고약한 담배의 덫이라는 사실이다. 교회에 잘 출석하는 병사들 중에도 철이 없을 때 배운 담배를 끊지 못해 고민하는 경우가 많다. 반면에 "성경 어디에 담배 피우지 말라는 말이 있습니까?"라며 우기는 사람들도 있고, "끊어야 하는데 끊기가 어렵습니다."라면서 계속 담배를 피우는 병사들도 있다. 힘들 때 친구가 되어 준다는 유혹에서 시작한 담배가 평생을 떠나지 않고 괴롭히는 올가미가 되고 있다.

담배는 입대 초기에 가장 유혹이 많다. 무심코 권해 오는 담배를 받아 들고 피웠다가는 평생 괴로울 수 있다. 혹시라도 선임이 권해 오면 단호하되 정중하게 거절하기 바란다.

같이 근무하다 전역한 병사가 자신이 군 생활을 하면서 겪었던 담배 이야기를 들려줬다. 신병 전입 직후 바로 위의 선임이 자신을 밖으로 데리고 나가더니 위로한답시고 담배를 피우라고 했다고 한다. 자신은 크리스천이고 담배를 피우지 못한다고 말했는데도 계속 권했고, 할 수 없이 꾀를 내어 한 모금 연기를 빨고는 심하게 기침을 하면서 비틀거리는 시늉을 했단다.

담배를 권했던 선임 역시 아직 일병도 되지 않은 졸병 입장이었는데 후임이 비틀거리니 갑자기 걱정이 되었는지 다시는 담배를 권하지 않았다고 한다. 그 이야기를 듣고 한참을 웃었다.

성령님이 함께하시는 하나님의 성전 된 우리 몸에 담배 연기를 집어넣을 수는 없다. 크리스천 청년들이여, 담배 피우지 말자. 간곡한 부탁이다.

크리스천 청년 중에 기독교 동아리에서 활동할 정도로 믿음이 있었던 형제가 군에 다녀온 후 담배를 피워 후배들에게 큰 충격을 주었다는 이야기를 들은 적이 있다. 복학생들이 많을수록 흡연자가 많은 이유는 아마도 군에서 흡연을 배워 왔기 때문인 듯하다. 군에서 배우는 것 중에 가장 악한 것이 담배라고 생각한다. 힘들 때 의지할 분은 예수님이시다. 담배를 찾아서 해결하려는 마음은 올바른 신앙인의 자세가 결코 아님을 기억하자.

술 문제도 군 생활 초기부터 확고하게 정리해야 한다. "한 잔은 괜찮아.", "누구도 교회 다니는데 술만 잘 먹더라.", "여자도 먹는 술을 못 마신단 말이야?" 하며 술 권하는 분위기를 간혹 접하게 될 것이다. 오늘날과 같은 사회에 몸담고 살면서 술을 입에 대지 않고 살기란 어렵다고들 말한다.

그러나 시작부터 단호해야 한다. 술은 결코 한 잔으로 끝나지 않는다. 휴가나 외출을 같이 나온 선·후임 간이나 동기들끼리의 술자리에서 "한 번만 마셔 봐."에서 "지난번에도 잘 마셨잖아."로 바뀐다는 사실을 명심해야 한다.

술을 마시면 나타나는 가장 큰 문제는 하나님과 교통하고 있는 내적 충만함이 사라진다는 것이다. 레위기 10장에 이 부분에 대한 설명이 잘 나와 있다. 제사장으로 임명된 후 얼마 안 된 상황에서 아론의 네 아들 중 나답과 아비후가 여호와께 다른 불을 드렸다가 현장에서 죽어 나갔다. 그때 하나님이 하신 말씀은 우리에게 큰 교훈을 준다.

"여호와께서 아론에게 말씀하여 이르시되 너와 네 자손들이 회막에 들어갈 때에는 포도주나 독주를 마시지 말라 그리하여 너희 죽음을 면하라 이는 너희 대대로 지킬 영영한 규례라 그리하여야 너희가 거룩하고 속된 것을 분별하며 부정하고 정한 것을 분별하고 또 나 여호와가 모세를 통하여 모든 규례를 이스라엘 자손에게 가르치리라"(레 10:8-11).

술을 마신 상태에서는 무엇이 하나님의 가르침이고 무엇이 속된 것인지를 분별할 수 없다. 술에 취한 자신의 모습을 거울에 비춰 본 적이 있는가? 아마도 보기 싫어 얼굴을 돌리게 될 것이다. 술에 취해 얻는 위로나 순간적인 만족감은 성령 충만함으로 얻게 되는 내적 희열과 영적인 만족감과 감히 비교할 수 없다.

음주는 인간관계와 성품, 건강을 동시에 파괴한다. 학식과 계급, 인품과 외모와 관계없이 술에 취한 모습은 누구에게도 신뢰를 줄 수 없음을 명심하자. 군에서 일어나는 폭행, 살인, 성문제, 교통사고 등 각종 사건 사고의 대부분은 술과 연관되어 있다.

"성경 어디에 술을 마시지 말라고 했느냐?"라는 어느 선배의 물음에 관련된 구절들을 모두 찾아본 적이 있다(창 9:21, 19:32이하; 레 10:9; 민 6:3-4; 신 21:20; 삿 13:4; 잠 23:20-21, 29-35, 31:4-7; 사 5:11-12, 22; 암 4:1, 6:6; 합 2:15; 마 24:49-51; 눅 1:15; 롬 13:13; 고전 5:11, 6:10; 엡 5:18; 딤전 3:3-4; 딛 1:7, 2:3; 벧전 4:3 등). 성경 여러 군데에 술에 대한 부정적이고 파괴적인 모습들이 담겨 있었다. 이 내용을 정리해 보면 다음과 같다.

술을 보지도 말고, 마시지도 말고, 취하지도 말고, 술 취한 사람과 사귀지도 말 것이며, 술 취한 것은 방탕한 것이고, 술 취하는 자나 이웃에게 마시게 하는 자는 모두 화가 있을 것이고, 하나님 나라를 유업으로 받을 수 없게 된다.

적게 먹고 많이 먹고의 문제가 아니다. 술에 호감을 가지고 접근한다는 것 자체가 문제다. 담배와 술을 끊을 수 있는 방법은 없을까? 담배와 술에 대한 욕구를 사라지게 하는 방법은 없을까?

한 사람을 전도한 적이 있다. '골초'라는 표현이 어울릴 정도로 담배를 쉴 새 없이 피우는 사람이었다. 술도 마찬가지였다. 그는 한밤중에도 누군가 전화해서 부르면 주저하지 않고 달려갔다. 그를 통해 정말 거짓말처럼 신기한 경험을 하게 되었다.

"술과 담배를 끊어야 예배를 드리러 가도 하나님께 죄송하지 않지." 라며 술과 담배를 끊어야겠다는 말을 듣고, 예수님을 믿기 전 그의 술과 담배에 대한 애정과 명성을 잘 알던 터라 과연 끊을 수 있을지 반신반의했다. 다만 예배에 빠지지 말고, 성경을 꼬박꼬박 읽고, 안에 계신 성령님께 부탁하면서 하나님께 기도해 보자고만 했다.

그런데 전도한 지 채 일주일도 되지 않아서 흥분한 목소리로 전화가 왔다. 꿈을 꿨다고 했다. 내용인즉슨 꿈에 커다란 손이 나타나 식탁에 있던 담배와 라이터, 재떨이를 싹 쓸어가 버렸다는 것이다. 그리고 잠에서 깼는데 더 이상 담배를 피우고 싶은 생각이 없어졌다는 고백이었다. 놀랍게도 그날 이후 그는 담배를 입에 대지 않고 있다. 내가 오히려 믿음이 없었던 것이다.

이런 상황을 직접 맞닥뜨리면서 하나님이 어떤 때는 강권적인 방법으로 한 영혼에게 개입하심을 경험할 수 있었다. 그 후 누군가 담배와 술을 끊을 수 있는 방법을 물으면 간절히 하나님께 의지하고 기도하라고 조언한다. 더불어 당사자도 끊으려는 의지를 분명하게 표출해야 한다고 말해 준다. 물탱크에서 공기를 빼내는 가장 간단한 방법은 물을 채우는 것이다. 우리 안에 술기운과 니코틴을 모두 없애는 방법은 우리 안을 영적인 양식으로 채우는 것이다. 하나님의 영으로 채워지면 죄악된 것들이 빠져나오게 되어 있다.

"담배 피우지 말라는 말이 성경 어디에 있습니까?"라는 질문도 받는다. 어떤 사람은 "술도 취하게 마시지만 않으면 되지 않습니까?"라고 묻는다. 술과 담배를 멀리하라는 말의 핵심은 크리스천인 우리가 하나님을 뒤로한 채 세상이 주는 술과 담배를 통해 위로받고 스트레스를 해소하려는 접근 자체가 맞지 않음을 가르쳐 주는 것이다. 힘들고 지쳐 넘어질 수 있다. 그럴 때 하나님께 모아야 할 두 손이 술잔과 담배를 들고 있어서야 되겠는가.

일병, 6개월간의 고된 시간

　일병이 되면 더 힘들어진다. 이등병 때는 정신없이 지내기도 하고 "이등병이니까." 하면서 면책특권 같은 것도 받게 된다. 많은 사람들이 이등병의 적응에 관심을 기울여 주기 때문에 힘도 된다. 그리고 18개월(육군, 해병대)의 군 생활을 하는 경우(해군 20개월, 공군 21개월) 이등병은 부대에 배치되어 한 달 정도 지나면 곧 일병이 된다.

　일병이 되면 계급장만 두 배로 늘어난 것이 아니라 할 일도 두 배로 늘어날 수 있다. 전입 신병이 오면 자신이 하던 궂은일을 나눠서 할 수 있겠지만, 후임들이 어느 정도 수준에 오르려면 그만큼 공을 들여야 한다. 후임들이 일을 배워 가는 중간 과정에서 겪게 되는 숱한 시행착오를 보면서 '차라리 내가 하고 말지.' 하는 생각도 들 것이다. 한쪽에서는 선임들로부터 질책이 쏟아질 수도 있다.

후임을 챙기고, 자신의 일까지 해야 하는 6개월 정도의 일병 기간을 보내면서 신경이 날카로워지고 감정의 컨트롤도 힘들어진다. 군 생활 동안 항상 웃는 얼굴로만 살 수 없는 것이 현실이다.

찜통같이 푹푹 찌고 후텁지근한 여름과 얼어 죽을 것 같은 겨울을 통과해야 한다. 작은 실수와 사소한 것에서 비롯된 일들이 크게 확대될 수도 있고, 사람과 사람 간에 감정의 꼬임과 육체적인 부담이 끊임없이 밀려들기도 한다.

일병을 마칠 때쯤 되면 애인으로부터 그만 만나자는 이별 통보를 받기도 한다. 그런데 왜 1년 정도 되면 많은 병사들이 이별을 맞이하게 되는 것일까? 젊은 남녀가 교제를 시작하면 1년 동안 많은 이벤트를 한다. 생일 및 각종 기념일 등이 많다. 그날들을 함께 있어 주지 못하고 대부분 여자 친구 혼자서 보내 왔다. 게다가 1년 가까이를 더 기다려야 하는 상황이다. 그러니 일부는 결단을 내리고 통보를 하는 것이다.

고무신을 거꾸로 신었다고 할 때마다 군에 있는 병사들의 마음이 얼마나 무너져 내리는지 여자 친구들은 알고 있을까? '1년도 못 기다리는 사람과 어떻게 평생을 함께하나.' 하고 아무렇지도 않게 받아들일 사람은 거의 없다.

눈물겹도록 보고 싶은 애인이 떠나간 사실을 일방적으로 통보받고 이를 받아들여야 하는 상황에서 군대 일로 이것저것 복잡한 상황이 겹치면 모든 것을 한꺼번에 잃은 것 같은 절망감까지 든다. 탈영을 해서라도 여자 친구에게 쫓아가 기다려 달라고 이야기하고 싶은 마음이 솟

구친다. 이럴 때 자칫 사건 사고에 휘말릴 가능성이 높다.

어렸을 때 부모가 이혼하면서 버림받고 자란 한 병사가 있었다. 아무런 희망이 안 보이는 절망의 순간에 만난 여자 친구가 그에게는 커다란 힘이 되었다. 그에게 여자 친구는 단순한 친구 관계를 넘어 자신을 존재하게 하는 이유로까지 발전했다.

그런데 하루는 그가 애인과 통화하는 중 이별 통보를 받았다. 그는 전화를 끊고 심각하게 고민하다가 그날 밤, 목숨을 끊으려고 했다. 다행히 그 전에 발견되어 목숨은 살릴 수 있었지만, 그 소식을 들은 애인의 충격이 몹시 컸다. 자기에게 지나치게 의지하는 것 같아서 "그렇게 자꾸만 약해질 거라면 그만 헤어지자."라고 했던 것이었다.

그런데 그 병사는 부대에서 가장 힘든 과정을 겪는 중이었고, 여자 친구로부터 너무도 매몰찬 소리를 듣게 되면서 희망의 끈을 모두 놔 버렸던 것이다.

의무실 앞을 지나는데 한 병사가 다가오고 있었다. 가까이 보니 계급이 일병이었다. "많이 힘들지? 힘내자!"라고 말하며 등을 토닥거려 주었다. 지나가는 병사들에게 큰 의미 없이 건넨 흔한 위로의 말이었다. 그런데 그 일병의 눈시울이 이내 빨개졌다. 말은 못했지만 몹시 힘든 상황이었음을 직감할 수 있었다. 그런 상황은 누구에게나 온다. 자칫 낙심할 수 있으니 마음을 잘 지켜 내야 한다. 힘겨운 상황에서 마음을 추스르지 못하면 군 생활에 부정적인 영향을 미치게 되고, 개인에게 오점을 남길 수 있음을 명심하자.

우리를 힘들게 하는 또 하나의 관계는 선임과의 관계다. 잘 알려져 내려오는 이야기 중 하나가 그 유명한 '청어 이야기'다. 먼 바다에서 잡은 청어를 가장 싱싱하게 항구로 운반해 오기 위해 고기를 담아 두는 통에 살아 있는 메기를 두세 마리 함께 넣어 둔다는 것이다. 청어만 있으면 긴장감이 떨어지기 때문에 매우 정적으로 있다가도, 메기를 넣으면 위협과 긴장 속에서 살기 위해 메기를 피하려 계속 헤엄을 치기 때문에 훨씬 싱싱한 상태로 항구에 도착하게 된다는 것이다.

적절한 비유가 될 수 있을지 모르지만 군 생활을 하는 동안 메기처럼 우리를 단련시키는 사람들이 주위에 있을 수 있다. 당시에는 힘들 것이다. 그 선임만 사라지면 좋아질 것 같다는 마음이 매일 일어날 것이다. 하지만 그렇게 마음처럼 되는 경우는 거의 없다. 이겨 내야 한다. 못된 선임들을 거울삼아 나를 바라보는 후임들의 얼굴을 살펴야 한다. 우리도 그들에게 자칫 못된 선임이 될 수 있기 때문이다.

야곱이 하나님으로부터 훈련을 받을 때, 하나님이 교관처럼 사용하신 사람이 바로 라반이다. 라반은 야곱의 삼촌으로, 자신의 이익을 위해 야곱에게 주기로 약속한 것을 여러 차례 변경했던 사람이다. 형 에서로부터 장자권을 빼앗고 축복을 받기 위해 아버지 이삭을 속인 야곱은 자신의 이익을 위해서는 주어진 상황을 최대한 이용할 줄 아는 사람이었다. 그러나 하나님은 야곱보다도 더 강한 라반을 붙여 주심으로써 그가 인생을 배우게 하셨다.

군에서 불편한 선임이나 상급자들을 만날 수 있다. 아니, 그런 경우가 대부분일 것이다. 그들을 통해 자신의 부족한 모습을 보고 고쳐 가는 과정으로 삼는다면 지혜로운 처사일 것이다. 자신을 힘들게 하는 선임들에 대해서는 하나님께 처분을 맡기고, 그분이 주시는 훈련의 한 부분으로 받아들여 보자.

그렇지만 가혹 행위나 구타를 당하는 상황이거나 부당한 제재를 받게 된다면 그때는 주저 없이 상급자나 가까운 상담관, 군종 목사님들에게 이야기해서 잘 풀어 가야 한다. 힘들게 하는 선임 밑에서 참고 지내면서 인내를 배우는 것에도 한계가 있다. 신체적인 피해나 무시, 왕따 등 정신적인 괴롭힘을 받게 될 경우 심각한 범죄 행위인 만큼 그에 맞게 처리해야 한다.

6개월간의 일병 생활, 힘들다면 힘들고 괴롭다면 괴로운 기간일 수 있다. 아무리 군대가 좋아지고, 시스템에 의한 밝은 병영을 만들어 가고 있다 해도 군대는 군대다. 배움의 기간을 보낸다 생각하고 잘 견디고 버텨 내기를 바란다.

휴가 사용 계획서

　군대에서 휴가만큼 좋은 것이 있을까? 진급도 좋지만, 전역하는 날을 빼고 가장 활력을 주는 것으로는 휴가가 최고다. 입대하면 휴가가 가장 기다려질 것이다. 모든 현역 장병들에게 공통적으로 주어지는 정기 휴가는 24일이다. 보통 '연가'라고도 하는 군대별 정기 휴가 일수는 군대별로 조금씩 다르다. 이는 복무 기간에 따라 나뉘어 그 기간이 18개월인 육군과 해병대는 24일이다. 복무 기간이 20개월인 해군은 27일, 21개월인 공군은 28일이다. 이외에도 포상 휴가, 특별 휴가, 외박 등이 수시로 있다.

　휴가가 마냥 즐겁기만 하면 좋겠는데, 경험에 비춰 보면 휴가란 마치 유격 훈련 중에 계곡과 계곡 사이에 줄을 걸어 놓고 건너가는 도하 훈련과도 같다. 그 이유는 휴가에 긍정적인 부분보다 부정적이면서 위험한 부분이 많기 때문이다. 가장 힘들고 어려운 시기를 겪는 일병 때 첫 정기 휴가를 나간다. 해방감과 함께 모든 것을 만끽하고 싶은 욕구가 몰아치는 시기다. 그래서 이때 병사들이 가장 많이 사고를 친다.

사고도 가지가지다. 민간인과 시비가 붙거나, 여자 친구와 헤어지거나, 반대로 여자 친구가 임신을 해 수습을 못해서 나중에 고민에 빠지거나, 부모님과의 관계가 더 안 좋아지거나, 몸이 심하게 다치거나, 휴가 중 낙심이 되어 탈영을 결심하거나, 심지어 생명을 끊는 최악의 경우도 있다.

한 병사가 휴가를 다녀왔는데 한동안 고민하면서 제대로 마음을 잡지 못하고 괴로워하는 모습을 보고 이유를 물었다. 사연은 이러했다. 휴가를 맞아 반가운 마음으로 집에 갔는데 부모님이 이사를 가고 없었다. 그곳에 살고 있는 사람에게 물었지만 어디로 갔는지 모른다는 소리에 당황했다.

부모님을 놀라게 해 드리려고 연락 없이 왔는데 부모님이 오히려 자신을 놀라게 하는 듯했다. 전화를 해서 찾아갔더니 나무판으로 대충 만든 움막 같은 곳을 어머니 혼자 지키고 있었다. 차가운 바닥에는 스티로폼이 깔려 있었고, 낡은 난로만 구석에 놓여 있었다. 아버지는 유치장에 있었다.

사연은 이러했다. 아버지는 집을 짓는 일을 했다. 분야별로 일꾼들과 함께 집을 짓고, 이를 팔아서 수입을 마련했다. 그런데 불행한 사고가 일어났다. 공사장에서 떨어진 물건에 맞아 인부로 일하던 할아버지가 현장에서 그만 숨지고 말았다. 전쟁 중에 같이 피난 온 분으로, 마땅한 일자리가 없어서 공사장에 나와 허드렛일을 돕는 수준에서 일하고 하루 품삯을 오랫동안 받아 간 분이었다.

아버지는 할아버지를 돕자고 한 일이었는데 그만 불행한 사고로 돌아가셨고, 유가족이 터무니없이 많은 배상금을 요구하는 바람에 살던 집을 팔아 배상해 준 뒤 아버지는 유치장에 들어갔던 것이다. 어머니가 불쌍해 보였다. 유치장에 있는 아버지도 그동안 봐 온 강한 모습이 아니라 너무나 초췌하고 불쌍한 모습이었다. 사고로 돌아가신 할아버지를 몇십 년간 도와준 아버지의 착한 마음씨를 누구보다 잘 아는 아들이었다.

이런 상황에서 휴가를 마치고 부대에 들어가는 발걸음이 떨어지지 않았다. 어디 가서 돈이라도 벌어서 아버지와 어머니가 정상적으로 다시 살 수 있게 해드리고 싶었다. 군에 들어가는 것이 지금은 쓸데없어 보였다. 그래서 복귀하지 않기로 했다.

그런데 다행히도 그 낌새를 어머니가 알아챘다. 휴가 마지막 날, 자식의 손을 잡고 눈물로 설득했고, 그는 눈물을 머금고 다시 부대로 들어왔다. 하지만 그의 머릿속에는 온통 집 생각뿐이었다.

기가 막혔다. 어느 정도의 성금을 걷어 도움을 주는 선에서 그쳤을 뿐 그 이상 할 수 있는 것이 없었다. 마음이 어렵겠지만 잘 이겨 내기를 바랐다. 아무리 신앙이 좋은 병사라도 이런 충격적인 일을 당하면 마음을 다잡기가 어려울 것이다.

한 병사는 휴가 중에 친구들과 술을 마시다 사고를 쳤다. 부대에서는 주일마다 예배에 잘 나간 병사였는데, 휴가를 나가면 친구들과의 모임에서 술을 마시라는 권유를 뿌리치기 어렵다고 했다. 술을 마시는 데서 그쳤으면 좋았겠는데 패싸움에 휘말렸다. 그 결과는 너무 가혹했다.

상당한 금액의 합의금을 물어 줘야 했는데, 가난한 집안 형편에 그만한 돈을 마련하기가 너무 힘들었다. 이후 경찰에서부터 접수된 사건이 군 헌병 부대로 이첩되어 휴가에서 복귀한 뒤에도 그 폭행 사건을 수습하느라 고생을 많이 했다.

또 한 병사는 휴가 기간 내내 친구들과 늦은 시간까지 술자리를 하고 들어왔는데, 하루는 화가 난 아버지가 집에 들어오던 아들을 책망하자 발길을 돌려 뛰쳐나갔고, 술에 취한 상태로 무단횡단을 하다 심야 과속 차량에 치이는 불행한 사고를 당했다.

이 정도면 왜 휴가를 유격 훈련 중에 외줄을 타고 계곡을 건너는 훈련에 비유했는지 공감이 될 것이다. 어린 나이에 군에 와서 통제된 생활을 하다가 잠깐 동안의 자유를 만끽하고 자신을 위로하는 사람들과 어울리다 보면, 크리스천으로서의 본모습을 모두 잊어버리고 세상에 취해 휩쓸리기 쉽다. 그러다 나중에 부대로 복귀하게 되면 후회와 미안함이 가득할 것이다. 휴가를 어떻게 보내는 것이 현명할지 지혜로운 선택을 하기 바란다.

> 꼭 알아야 할 군대 톡톡

의미 있는 휴가를 보내는 방법

1. **교회에 찾아가라**
   목사님과 성도들에게 인사를 하고 기도를 부탁드리는 것이 좋다.

2. **휴가 중에 예배에 꼭 참석하라**
   휴가 중에도 크리스천으로서의 중심을 지키며, 예배를 우선순위에 두고 생활해야 한다.

3. **서점에 가라**
   휴가를 다녀와 복귀하면 시간이 조금 생긴다. 그전에도 물론 책 볼 시간이 있지만 휴가 때 자신이 보고 싶은 책들을 사서 몇 권이라도 가지고 들어가라. 나머지는 부모님께 부대로 보내 달라고 하면 된다. 군복을 입은 군인이 서점에서 책을 고르는 모습은 아주 멋지다.

4. **가급적이면 부모님과 시간을 가져라**
   부모님이 매우 반가워하실 것이다. 부모님과 저녁 식사를 한 끼도 하지 않고 정기 휴가 기간을 보내고 오는 불효자들도 있다. 매일 저녁 자식을 위해 음식을 정성껏 준비하는 부모님을 생각하라.

5. **술은 가까이하지 마라**

    자신을 확고하게 지켜 내지 못하면 지게 된다. 여행도 가고 친구도 만나는 등 다 좋은데, 술을 조심해야 한다. 술을 마시지 않는 휴가가 밋밋하다고 생각하는 것은 미숙한 사람들의 생각이다.

6. **해외여행을 다녀오는 것도 좋다**

    요즘에는 월급을 조금씩 아꼈다가 가족들과 함께 해외로 여행을 다녀오는 병사들도 있다. 군인이라서 해외여행을 가지 못하는 것은 아니다. 정상적인 승인 절차만 거치면 다녀올 수 있다.

의미를 찾아 휴가를 디자인하라. 시간을 허투루 사용하지 않고 좀 더 의미 있는 휴가를 보내라고 권하고 싶다. 그러면 휴가는 자신을 돌아보고 성장시키는 좋은 과정이 될 것이다.

선배 톡톡

사랑한다, 아들아!

성주야 벌써 군에 입대한 지 3개월 가까이 되어 가는구나. 입대하기 전에 유난히 군 생활에 대해 부담을 가지고 있었는데, 그런 걱정이 무색하게 너무나도 잘 적응하고 있는 지금의 모습을 보니 하나님께 감사드리지 않을 수 없구나.

훈련소에서 힘든 환경 가운데 강도 높은 훈련을 받을 때 아빠 엄마는 마음이 아팠어. 그렇지만 고된 훈련의 시간을 견디고 강인한 모습으로 수료식을 받는 모습을 보며 몹시 대견했단다.

그 이후 자대 배치를 앞두고 대부분 편하고 쉬운 곳으로 배치받기를 원하지만, 편한 곳을 찾지 않고 힘들더라도 하나님이 인도하시는 곳으로 훈련받기를 결심하는 성주를 보며 '아 우리 아들이 많이 성장했구나.'라는 생각이 들었단다. 감사하게도 하나님이 인도하시는 부대로 자대 배치를 받고, 아빠 엄마가 기도한 대로 전국에서 가장 좋은 군 교회로 인도하신 것 같아서 기도에 응답해 주신 하나님께 감사드린다.

성주가 입대 전에 교회에서 많은 사역을 했지만, 정작 하나님과 개인적인 경건의 시간을 통해 만나고 있는가에 대해 확신이 들지 않았어. 하지만 군 입대 후 성주의 결단과 목사님의 인도하심을 통해 매일 QT하는 삶을 사는 것을 보며, 이제 진정한 신앙생활이 시작되었다는 생각이 든다. 앞으로도 늘 말씀을 가까이하고 기도로 하나님께 나아가야 한단다. 성주 안에서 시작된 하나님과의 만남이 매일 계속된다면, 하나님께서 정말로 어떠한 환경에서도 성주의 삶을 책임져 주시고 인도해 주실 것이라 굳게 믿는다.

  다만 너도 잘 알겠지만, 이렇게 환경적으로 그리고 신앙적으로 순항할 때 긴장이 풀어져서는 안 된다고 생각해. 군에서 적이 언제 공격할지 모르는 긴장감 속에 사는 것처럼, 우리 또한 스스로 연약한 존재이기에 오히려 영적으로 긴장하고 자신을 믿지 말고 하나님을 신뢰하며 사는 삶을 살도록 하자.

  그래서 진정 하나님이 쓰실 때 귀하게 쓰임을 받도록 준비하는 성주와 우리 가정이 되도록 함께 기도하기로 해. 우리는 주님 안에서 지어져 가고 있기에 조금 실수하고 넘어지더라도 절대 낙심하거나 포기하지 말고, 이것이야말로 가장 큰 훈련이라 생각하며 다시 도전하고 준비하는 우리가 되도록 하자.

  사랑하는 아빠, 엄마가.

이해승 안수집사, **임정은** 집사, 수원화산교회

4장

자대 생활
군화 끈을 바짝 조여라

빠지기 쉬운 네 가지 함정, ① 잘난 척하지 마라

힘든 일병부터 상병 초까지의 생활을 잘 버티면 이제 군 생활은 안정감을 찾고 한결 수월해진다. 후임의 숫자가 선임의 숫자보다 많아진다. 자신감이 충만해지고, 오히려 부족한 선임들이 거슬리기도 한다. 어리바리한 선임이라고 머릿속에 각인되면 그때부터 곤란한 상황에 처할 수도 있다.

첫 번째로 조심해야 할 함정은 잘난 척, 즉 자기 자랑이다. 존 맥스웰은 『어떻게 배울 것인가』에서 자만심에 대한 경고의 단적인 예로, 노벨상을 받은 사람들이 수상 후 제대로 이루어 낸 업적이 없다고 이야기한다. 성공한 사람들에게서 볼 수 있는 안정된 자만심은 도무지 어디에도 쓸 데가 없다는 이야기다.

졸병 시절에는 입을 닫고 살았지만, 이제 나름대로 존재감을 보여 주려는 욕심이 살살 피어오른다. 그러다 보면 자신을 약간 과장하거나 거짓말을 섞기 쉽다. 자신이 가치 있는 사람이라는 것을 알리고 싶어서다. 병사들은 군에 오기 전에 주로 SNS를 통해 소소한 일상을 많은 사람들에게 보여 주는 환경에서 지냈다. 무엇을 먹고, 어디를 가고, 누구를 만나는 등 삶의 흔적이 사이버상에 올라 있다.

여기서 재미있는 조사 결과가 있다. 온라인을 통해 다른 사람에게 자기 일상을 이야기할 때 3분의 1 정도는 "과장해서 표현한 적이 있다."라고 응답했다. 그 이유는 다른 사람에게 자신의 존재를 알리고 뒤처지기 싫어서다. 경쟁에서 지기 싫다는 심리적인 반응으로, 자기 과시 본능 중 하나라고 볼 수 있다. 실제보다 더 멋지다는 평을 받고 싶은 누구에게나 존재하는 마음이 드러난 것이다. 이러한 표출이 일반적인 수준을 넘어서면 열등감의 또 다른 형태로 발전한다.

'인생도처유상수'(人生到處有上手)라는 말이 있다. 아무리 잘난 척해도 나보다 더 뛰어나고 잘하는 '강호의 고수'는 많다. 자칫 잘난 척했다가 다음부터는 명함도 못 내밀게 될 수 있다.

우리는 자신의 잘난 점을 알리기 위해서가 아니라 하나님의 일꾼으로 온 것이라는 생각을 잊어서는 안 된다. 내가 할 일이 무엇인지를 살펴서 성실하게 행하면 굳이 과장하거나 자랑하지 않아도 남들이 다 알아준다. 결코 쉬운 일이 아니지만 성숙해 가는 과정으로 알고 실천해 보자.

빠지기 쉬운 네 가지 함정, ② 고민거리를 어떻게 처리할 것인가?

두 번째로 조심해야 할 함정은 고민에 대한 처리다. 군에서는 가족이나 친구와 떨어져 있기 때문에 자신에게 닥친 고민을 현명하게 해결하기가 어려워 보인다. 어느 정도 시간이 지나면 자연스럽게 해결되는 일도 있지만 마음속에 계속 자리 잡고 있다면 이는 해결하고 가야 한다.

군에 들어오기 전에 여자 친구와 잠자리를 같이 했는데 임신한 사실을 알고 고민하던 병사가 있었다. 어느 날 여자 친구와 전화로 싸우는 모습을 보고 물어보니 자초지종을 설명해 주었다. 군에서 그런 소식을 들으니 놀랄 만도 했다. 그는 아이를 낳을 수 없는 상황이라 주장했고, 여자 친구는 어린 나이에 어찌할 바를 몰라 부모님에게 이실직고했는데 부모님이 병사의 부모님에게 사실을 전하면서 문제가 커졌다.

병사의 부모님과 직접 통화하면서, 이미 임신 6개월이 지났다는 사실을 알게 되었고, 하나님이 주신 생명을 사람이 어찌할 수 없으니 잘 낳아서 키우도록 설득한 후 휴가를 보내 주었다. 모든 과정이 순조롭게 진행되었고, 병사의 부모님 댁에서 아이 엄마와 아이가 같이 살면서 아빠가 전역할 때까지 키우기로 하고 마무리가 되었다.

이런 예도 있었다. 상병이 후임병을 괴롭혔는데 그 사실이 발각되었다. 상병은 조사가 진행되는 과정을 보면서 자기가 처벌받을 수밖에 없다는 사실을 알게 되어 더욱 초조해했다. 밤새 고민하다가 끝내 극단적인 행동을 하려고 했으나 다행히도 직전에 발견되었다. 모두를 긴장하게 한 사건이었다.

다른 사람이 보기에는 그렇지 않더라도 본인은 크게 느끼는 것이 고민이다. 부모님이 편찮으시거나 이성 문제, 질병으로 인한 부적응, 상급자의 괴롭힘 등이 운동화 속의 모래알처럼 지속적으로 괴롭힌다면 이는 해결하고 가야 한다.

가장 좋은 해결 방법은 지휘관에게 바로 사실대로 보고하는 것이다. 군에서는 지휘관이 알아야 가장 합리적으로 해결책을 찾을 수 있다. 여건이 안 된다면 주변에 도와줄 수 있는 상담관이나 군종 목사님, 군선교사님도 있다. 점점 고민은 많아지는데 혼자서 해결하려면 풀리지 않는다. 혼자 고민하지 말자.

빠지기 쉬운 네 가지 함정, ③ 성적인 유혹을 조심하라

세 번째로 조심해야 할 함정은 성과 관련된 내용이다. 가장 심각하게 다루어져야 할 부분이 젊은 병사들의 성과 관련된 부분이라고 본다. 사회 전체에 자리 잡은 부패하고 왜곡된 성 문화는 이미 군대 내에도 활개를 치고 있다.

군대에서 재미 삼아 보던 성인 잡지가 문제였습니다. 군대에서는 다 보거든요. 휴가나 외출을 나갔다가 하나씩 사서 오는데, 처음에는 호기심에 봤다가 점점 빠져든 것 같아요. 전역 후에는 인터넷에서 계속 보게 되더라고요. 이제 공부를 포기하려고 합니다. 한 번 두 번 시험에서 실패할 때마다 다시 한번 다짐하고 노력해 봤는데, 음란물이 눈에 아른거려서 도저히 공부를 할 수 없어요. 기도해 주세요. 음란물을 보는 게 습관이 된 것 같아요. 스트레스가 쌓일 때마다 저도 모르게 음란한 것들을 보게 됩니다.

제가 원망스럽고 저주스럽습니다. 어려서부터 갖고 있던 모든 꿈들이 음란물 때문에 무너질 거라고는 상상도 못했어요. 이제는 다른 사람들도 정상적으로 보이지 않습니다. 해결할 방법도 없어요. 여자 친구도 있지만 창피해서 말하지 못했어요. 미치겠어요. 결혼은 해야 하는데, 그냥 취직해서 직장을 얻어야 할 것 같아요. 실망시켜서 죄송합니다. 그렇지만 솔직하게 말씀드리고 기도 부탁도 드리려고요.

메시지로 이와 같은 장문의 글을 받고 너무나도 화가 났다. 누구보다 똑똑하고 사리 분별이 명확한 청년이었는데, 군대에서 밴 잘못된 습성이 젊은 지성인을 무너뜨렸다고 생각하니 분노가 치밀었다. 부대 인근 서점이나 편의점에서 팔고 있는 잡지들을 보면, 여전히 상품화된 여성이 몸을 노출한 채 표지에 나타나 장병들을 유혹하고 있다. 한때 청년의 호기심을 충족시키는 선에서 지나가는 정도라면 그나마 다행이겠지만, 한 사람의 인생을 끝까지 쇠줄로 엮어서 끌고 가고 있다고 생각하니 속이 상했다.

게리 스몰리의 『마음, 변화의 시작』에는 사람이 자신의 마음을 스스로 사용하고 선택하면서 정욕이라는 덫을 어떻게 풀어 갈지에 대한 조언이 담겨 있다. 저자는 남성들의 여성에 대한 음란의 문제, 자신의 쾌락을 위해 여성의 몸을 이용하려는 행동 등은 죄악임을 인식해야 한다고 지적하고 있다. 그러면서 "정욕을 식욕처럼 피할 수 없을 것이라는 생각은 우리에게 오랫동안 자리 잡고 있는 덫에 불과하다."라며 성령님의 도움으로 자신의 마음을 변화시켜야만 덫에서 풀려날 수 있음을 말해 준다.

마귀는 성이라는 유혹하기 쉬운 무기를 가지고 젊은 영혼들을 사냥하고 있다. 성과 관련된 사업은 망하지도 않고, 돈벌이가 쉬워서 그 시장 규모를 가늠하기조차 어렵다. 인터넷을 통한 음란물의 유통, 인쇄물에 의한 배포, 은밀하게 파고드는 성매매, 가정까지 파괴하는 불륜 조장 등 심각하다.

밝고 활기차게 자신의 꿈을 찾아가야 할 젊은 장병들을 마귀가 엉뚱한 곳으로 유혹해 성적으로 몸과 마음을 오염시키고 있다. 잠언은 이렇게 말한다.

"여인과 간음하는 자는 무지한 자라 이것을 행하는 자는 자기의 영혼을 망하게 하며 상함과 능욕을 받고 부끄러움을 씻을 수 없게 되나니"(잠 6:32-33).

예수님이 직접 말씀하신 간음의 문제를 짚어 보자.

"나는 너희에게 이르노니 음욕을 품고 여자를 보는 자마다 마음에 이미 간음하였느니라"(마 5:28).

달라스 윌라드는 『하나님의 모략』에서 이 말씀에 대한 번역 부분을 우리가 이해하기 쉽도록 설명해 준다. "음욕을 품고 여자를 보는 자마다"를 '음욕을 채울 뜻을 품고 여자를 보는 경우'라고 하는 것이 맞는 번역이라고 말한다. 그 이유는 특히 젊은이들이 어떤 성적인 의지의 개입도 없는데 저절로 '마음의 간음'을 하는 것처럼 보일 수 있기 때문이다. 쉽게 말해 거의 모든 젊은이들을 영적 전과자로 만들 수 있다는 것이다. 저자가 강조하는 대로 일부러 탐닉하지 않는 자연발생적 성욕은 분노나 고통처럼 잘못된 것이 아니다.

상대에게 매력을 느끼는 것 자체는 잘못이 아니다. 성경에서 말하는 '마음의 간음'은 음욕을 채울 뜻을 품고 여자를 보는 것, 즉 '음욕을 위한 음욕'을 말하는데, 여자를 성관계만을 위해 바라보는 것을 문제 삼아야 한다는 것이다.

음란은 성결의 문제와도 연결된다. 하나님은 성결하지 않은 인물은 사용하지 않으신다. 더러운 그릇에 음식을 담을 수 없듯이 성적으로 성결하지 않은 사람은 사용하실 수 없다. 물론 사용하고자 하시면 다시 깨끗하게 하시겠지만, 처음부터 자신을 깨끗하게 해야 한다.

성경을 보라. 출애굽 후 광야에서 제사장 비느하스는 이방 여인과 음란한 행동을 하는 남녀를 창으로 찔러서 죽임으로 그의 거룩한 용기를 실천했고(민 25장), 그 결과 이스라엘 백성들 사이에 만연했던 음란의 문제와 많은 사람의 목숨을 앗아간 전염병을 멈추게 할 수 있었다. 요단강을 건너기 직전, 이스라엘 백성들에게 지도자 여호수아가 가장 먼저 명령한 것도 성결이었다. "작전을 잘 짜라.", "적진을 잘 확인해라.", "물길을 잘 살펴라.", "짐을 잘 싸라." 등과 같은 명령이 아니라 바로 성결이었다.

음란에 파묻혀 있는 젊은 청년들의 모습을 누군가 멀리서 바라보고 있다면 어떻겠는가? 부모님이나 여자 친구, 혹은 성도들과 선생님, 그리고 하나님이 보고 계신다고 생각해 보라. 청년들이 음란과 성적인 난잡함 속에서 허우적대고 있다면, 하나님께 정직하게 도움을 구하고 빠져나와야 한다. 필요하다면 치료를 포함해서 전문가의 도움을 구해야만 한다. 그래야 하나님의 일을 할 수 있다.

빠지기 쉬운 네 가지 함정, ④ 분노를 조절하라

네 번째로 조심해야 할 함정은 분노다. 분노 역시 생존을 위해 자연스럽게 발생하는 욕구 중 하나다. 그러나 분노를 조절하지 못하면 우리를 함정에 빠뜨리고 파멸에 이르게 할 수도 있다.

군 생활 당시 분노 때문에 파멸에 이를 뻔했던 한 사람의 이야기를 들은 적이 있다. 그는 병장 시절까지도 자신보다 나이가 어린 고참이 괴롭히는 정도가 도를 넘어섰다. 그는 결국 '인간 같지 않은 놈'을 죽이고 자신도 죽을 계획을 세웠다.

적당한 기회를 엿보다가 드디어 고참을 잡아서 이마에 총구를 들이댔는데, 그 고참이 무릎을 꿇고 진심으로 용서를 빌었다. 용서를 구하는 모습에 다행히도 마음을 돌이키고 화해의 악수를 나눴다. 만약 그때 고참이 끝까지 용서를 빌지 않았더라면 자신의 분노는 폭발했을 것이고, 지금쯤 자기는 이 땅에 존재하지 않았을 것이라면서, 지금 생각하면 그때 용기를 가지고 용서를 빈 고참이 자신의 생명의 은인이 된 격이라고 말했다.

개인이 당한 상처에서 시작된 미움과 증오는 결국 분노로 발전한다. 뇌 과학자들에 따르면, 사람이 화를 내면 오히려 뇌에서 스트레스 호르몬이 방출되어 점점 더 기분이 상하고 화가 증폭된다고 한다. 화내는 것이 울분을 해소해 주기는커녕 분노의 불길을 더욱 부채질한다는 것이다.

화는 날 수 있고, 화를 낼 수도 있다. 그러나 더 이상 끌고 가지 말자. 사도 바울은 에베소서에서 분을 내더라도 해를 넘기지는 말라고 했다. 조절을 잘 못해서 해를 넘기면 마귀에게 틈을 줄 수 있다는 뜻이다. 절대 함정에 빠지지 않도록 조심하자.

간절함이 하나님을 향한 안내판이 된다

중대장 시절, 순찰을 하고 있는데 상황실로부터 급한 연락을 받았다. 중대원 중 몇 명이 교통사고를 당했다는 것이다. 병사들이 부식차에서 부식을 받는 중에 면사무소 인분차가 뒤에서 들이받았다고 했다. 우리 부식차는 길옆 논바닥에 처박혔고 병사들의 상태는 정확하게 확인이 안 된다는 보고였다. "자세한 것은 파악하는 대로 재보고하겠습니다." 라는 중대 상황실의 보고를 받은 후 사고 장소를 향해 전속력으로 달렸다. 그동안 "단 한 명이라도 우리 부하들의 생명을 잃을 수 없습니다. 하나님!" 하고 매일 기도했다. 그런데 교통사고가 나다니! 그것도 부식차가 논에 처박힐 정도로 들이받혔다니!

보통 병사들은 차 뒤에서 부식을 받는다. 옆은 차량 통행이 많아 좁은 도로에서는 받기 어렵기 때문이다. 뒤에서 부식을 내리는 동안에는 병사 한 명이 멀찌감치 나가서 뒤에 오는 차량이 천천히 오도록 유도하는 것이 기본이다. 그런데 어떻게 인분차가 뒤에서 사고를 냈단 말인가? 머릿속이 하얘지고 땀이 났다. 가는 동안에도 "하나님, 살려 주십시오. 우리 부하들이 죽지 않게 해 주십시오. 그 애들 고생하는 애들입니다. 죽으면 안 됩니다."라고 계속 기도했다. 아마도 살면서 그때처럼 놀란 적도, 간절하게 하나님께 기도한 적도 없었던 것 같다.

중간쯤 가는데 상황실에서 추가 보고가 왔다. 전화를 받자마자 소리쳤다.

"사망자 없지? 죽은 사람 없지?"

상황실 근무자는 또렷하게 "네, 없습니다."라고 대답했다. 사망자는 없었고 두 명이 다쳤는데 중상은 아니라고 했다. 그 말을 듣는데 갑자기 눈물이 났다. 운전병이 옆에 있었지만, 상관없이 눈물이 흘러내렸다. 철모 턱 끈으로 눈물을 가린 덕분에 운전병에게 들키지는 않았지만, 하나님께 감사를 드리며 가는 내내 울었다.

현장에 도착해 보니 어수선했다. 우리 차는 보고받은 대로 도로 우측 논바닥 쪽으로 처박혀 있었고, 사고를 수습하는 많은 사람들이 모여 있었다. 나는 부상당한 부하들을 찾았다. 감사하게도 두 병사가 어깨와 무릎이 까졌다고 하면서 다가오는 게 아닌가.

평소에는 부식을 뒤에서 내리는데, 그날은 차량이 별로 없어서 왕복 2차로의 좁은 차선이었지만 옆에서 받았다고 했다. 그런데 갑자기 뒤에서 부식차를 들이받았고, 그 충격으로 부식을 내리던 대원이 떨어지면서 어깨와 무릎을 다쳤다는 것이 사건의 개요였다. 면사무소에서 운영하는 인분차의 브레이크가 고장이 나서 수신호를 받았지만 멈추지 못했던 것이다.

나는 곧바로 병사 둘을 차례로 꽉 안아 주었다. 만약 잘못되었더라면 고향에 계신 병사의 부모님을 무슨 낯으로 보겠는가. 돌아오면서 하나님께 진심으로 감사를 드렸다. 군 생활을 하다 보면 많은 사람들이 차마 말로 다 못할 간절한 순간을 만나게 된다. 이 간절함은 그동안 긴장감이 떨어졌던 하나님과의 관계를 다시금 생각하게 하는 좋은 처방이 된다. 어떤 종류의 간절함이든 그 일을 계기로 하나님을 다시 찾게 된다면 마침내 선한 방향으로 연결될 것이다.

그러나 자칫 잘못해 그 간절함을 원망과 불평, 혹은 시기와 미움으로 싹을 키워 가면 그것은 독초가 되고 만다. 그러므로 크리스천답게 간절함을 하나님을 향한 안내판으로 삼는 성숙한 신앙인이 되어야 한다. 원망은 그만하고, 무릎을 꿇고 기도하라.

얼마 전 전역을 한 청년이 있다. 군에 가기 전에는 교회 일에 적극적으로 참가하지 않았는데, 지금은 교회를 여러 모양으로 잘 섬기고 있다. 전역을 얼마 남겨 두지 않았을 때, 병사 어머니로부터 다급한 연락을 받았다. 아들을 포함한 몇 명이 부대에서 일어난 사건에 연루되었는데, 어떻게 해야 할지 모르겠다는 내용이었다. 군에 있는 아들이 사건에 연루되었다는 것 자체가 부모로서는 가슴이 타들어 가는 듯한 고통이었을 것이다.

얼마 후 휴가를 나온 당사자를 만나 자초지종을 들었다. 장난삼아 한 일이었는데 상대방이 명예를 훼손당한 것으로 보고 법적인 해결을 요구하면서 문제가 커졌다고 했다. 아들의 문제가 터지자 직장 생활을 하는 병사의 어머니는 자신의 일은 뒷전으로 두고 문제 해결을 위해 백방으로 뛰어다니면서 노력했다. 그리고 애타는 마음으로 밤마다 새벽마다 하나님께 간절히 기도를 드렸다. 사건은 여러 단계의 조사를 거쳐 마무리될 때까지 몇 개월이 걸렸고, 감사하게도 가장 최선의 방향으로 해결되었다.

사건은 법이 정한 대로 정리가 되었지만, 가장 달라진 것은 아들이었다. 사람이 달라졌다는 말은 아무 때나 할 수 있는 것이 아니다. 그런데 정말 그가 달라졌다. 어머니의 간절한 기도와 그의 철저한 회개와 자각이 함께 만들어 낸 작품처럼 보였다. 그는 그 사건을 잊을 수 없을 것이다. 그 일로 훨씬 신중해졌고, 다른 사람을 대하는 데 있어서도 성숙한 태도를 보였다.

하나님은 간절함 속에 복된 비밀을 함께 묻어 두신 것 같다. 이 일을 지켜보며 하나님은 사람이 저지른 실수로 생긴 간절함을 아름답게 봉합해 좋은 열매로 맺게 하심을 느낄 수 있었다. 그렇지만 살아가면서 드리는 간절한 기도가 모두 우리의 바람대로 응답되지는 않는다는 사실도 알아야 한다. 피트 그리그가 기도에 대한 답을 제시한 책인 『침묵으로 말씀하시는 하나님』을 보면, 몇 가지 질문을 스스로에게 던질 수 있다.

'과연 하나님이 존재하시기는 하는 걸까?'
'존재하신다면 하나님은 우리를 사랑하시기는 하는 걸까?'
'그 사랑의 하나님이라는 분이 나와는 관계가 있기는 한 건가?'
'하나님은 인간이 당하는 고통을 아시기는 하는 건가?'

뼈저리게 고통을 느낄 만큼 상처와 간절함을 가지고 혼신을 다해 기도를 드렸는데 이루어지지 않았을 때, 우리는 실망하고 의심하게 된다. 화를 내기도 하고 낙심하기도 한다. 심지어 절망적인 느낌을 받기까지 하는데, 그 이유는 가장 절실하게 하나님이 필요한 순간이었기 때문일 것이다.

그러나 시간이 지나면서 침묵하시는 하나님은 우리에게 가장 선한 답을 가지고 계셨다는 것을 알게 된다. 겟세마네 동산에서 예수님이 핏방울을 흘리면서 기도를 드리실 때, 하나님이 침묵으로 가장 선한 답을 하셨던 것과 같다. 살아가면서 그 당시 야속하게도 침묵하셨던 하나님이 결코 침묵하고 계신 것이 아님을 깨닫게 될 때, 비로소 하나님에 대한 믿음의 가치가 빛을 발한다.

사랑을 품으면 할 일이 보인다

생활반에는 다양한 종교를 가지고 있는 병사들이 한데 모여 있다. 그들을 사랑으로 품고 대하기란 쉽지 않겠지만 그 가치는 크고 높다. 전도하고 안 하고를 떠나서 예수님의 가르침을 따라 실천하는 사랑의 모습을 보여 주는 것이 그들을 품는 것이다.

오래전이지만 내 기억 속에 고스란히 자리 잡고 있는 한 사람의 이야기다. 연평도 해안가에서 장병들이 사격 훈련을 하는 중에 사고가 난 적이 있다. 탄이 잘못 떨어져서 훈련 준비를 하고 있던 병사 몇 사람이 다치는 위험한 순간을 맞았다. 이 사고를 수습하는 과정에서 미담이 들려왔다. 미담의 주인공을 만나기 위해 일부러 시간을 냈다. 가는 도중에 운전병에게 그에 대해 물어보자 이렇게 답했다.

"사고 났을 때 쓰러진 그 하사님, 누군지 압니다. 저도 교회에 다니는

데 그 하사님도 교회 다니는 사람입니다. 우리 병사들도 다 알 겁니다. 그 하사님 정말 좋은 사람입니다. 그리고 교회 안 다니는 사람도 그 하사님 다 좋아합니다."

'어떻게 살았기에 병사가 하사에게 이렇게 진심에서 우러나오는 칭찬을 할 수 있을까?'라는 생각이 들었다. 하사와 병사 간에 나이 차이가 별로 안 나고, 때로는 병사의 나이가 더 많아서 다른 사람에게 하사를 말할 때 '하사님'이라고 부르기란 쉽지 않다. 그런데도 그 운전병은 그를 꼬박꼬박 '하사님'이라고 불렀다. 그것만 봐도 대략 그 부사관의 사람 됨됨이를 알 수 있을 것 같았다.

그 부사관이 병사들의 눈에 띈 것은 사고 현장에서였다. 사고가 일어나자 사태의 심각성을 확인한 부사관이 여러 명의 부상 병사들의 상태를 확인하고, 구급차가 오기 전까지 지혈을 하면서 기다리다가 의무대로 후송했다. 신속하게 이동시킨 덕에 장병들이 큰 어려움 없이 치료를 받게 되었다.

문제는 수습이 마무리된 순간이었다. 그 부사관이 사고 현장에서 쓰러지고 만 것이었다. 쓰러진 부사관을 살펴보니, 허벅지에 부상을 입어 피를 흘리고 있었다. 바지에 묻어 있는 피가 다른 부상병의 피인 줄로 알았는데 막상 상처 부위를 살펴보니 부상을 당한 장병들 못지않게 심각했다. 이를 지켜본 병사들이 모두 달려들어 지혈을 하고 의무대로 즉시 후송 조치했다. 그 부사관은 결국 육지에 있는 큰 병원으로 후송되어 치료를 받는데, 회복이 되자마자 연평도로 다시 돌아와 장병들과 함께 생활했다. 얼마 안 되는 월급 중 일부로 연평도 내 어려운 초등학생들에게 신발을 사 주고 있다는 사실도 확인할 수 있었다. 배를 타고 나오면서 그가 한 말이 머릿속에 맴돌았다.

"하나님은 저만 사랑하시는 것 같습니다. 그래서 늘 감사합니다. 다 갚아야 합니다. 제가 만나는 사람들에게요."

20대 초반의 젊은 군인이 어떻게 그런 삶을 살아갈까? 정말 칭찬해 주고 싶은 친구다.

반대의 경우도 있다. 아직 예수님을 믿지 않는 사람들과 이야기를 나누다가 당혹스러울 때가 종종 있다. 특히 "교회 다니는 사람들은 자기들끼리만 잘 지내지 않습니까?"라며 배타성을 강조할 때 그렇다. 그들을 잠재적인 크리스천이라고 생각한다면 더 좋은 모습을 보였어야 했는데 그렇지 못한 것 같아 아쉬웠다.

그들은 크리스천을 고운 눈으로 보지 않는 경우가 많다. 또한 우리를 늘 주시하면서 우리가 제대로 못하는 부분을 예리하게 관찰하고 지적한다. 교회에 다니지만 교인답지 못한 모습이 그들의 입을 통해 평가되는 것이다. "교회 다니는 사람이 그게 뭡니까?"라면서 험담을 한다. "그 사람 때문에 당신까지 천국을 사양할 필요는 없지 않습니까?"라고 말해 보지만, 그들이 믿음을 갖는 데 누군가 장애물을 놓은 것 같아서 미안한 마음이 든다.

보통 사람들은 신앙인에 대해 이상적인 그림을 가지고, 신앙인이 신앙인답게 살아 주기를 기대한다. 그래서 더더욱 조심스럽다.

어느 부대에서 있었던 일이다. 훈련에 참가한 병사들이 휴식 시간을 맞아 쉬고 있는 중에 좀 떨어진 곳에서 찬양 소리가 들렸다. 수준급의 찬양이었다. 다들 귀를 기울여 듣고 있는데, 누군가가 다가가서 그만 부르라고 했다고 한다. 찬양은 조교가 불렀는데, 그 조교는 훈련병들에게 지나칠 정도로 괴롭게 훈련을 시켰다고 한다. 그래서 그에게 좋지 않은 감정을 가지고 있었던 훈련병들 중 누군가가 그가 찬양을 부르는 모습을 도저히 봐 줄 수 없어 제지했던 것이다.

삶과 신앙이 일치되지 않거나 일치하려는 노력도 하지 않는 모습은 아무 능력도 발휘하지 못한다. 아무리 좋은 찬양이라도 입을 다물게 한다. 삶으로 증명하지 않으면 울리는 꽹과리 소리밖에 더 되겠는가.

함께 근무한 사람 중에 현역 당시에는 예수님을 믿지 않다가 전역 후에 예수님을 잘 믿고 교회도 잘 섬기는 이들이 있다. 현역 당시 어떤 사정이 있었는지는 모르지만, 그들 모두 기독교에 대해 호감을 가지고 있는 잠재적인 크리스천이었다는 것을 나중에야 알았다. 지금은 표시가 나지 않지만 무의식중에 만나는 사람들이 나중에 예수님을 잘 믿을 수 있도록 호감을 주는 크리스천의 자세를 가지고 근무한다면 좋겠다. 특히 신앙이 다른 상관이나 기독교에 대해 부정적으로 생각하는 선·후임들에게 더 잘해야 한다.

성경을 다독할 수 있는 절호의 기회를 놓치지 마라

프로 축구의 한 감독은 "닥공하라."고 주문한다고 한다. '닥치고 공격하라.'의 준말이다. 그런 취지에서 "무경하라."고 말하고 싶다. '무조건 성경을 읽으라.'는 말이다. 시간만 나면 장소 불문하고 성경을 펼쳐 읽어라. 이를 통해 하나님이 어떤 은혜와 역사를 펼치시는지는 경험하고 볼 일이다.

함께 청년부 생활을 하다가 군에 간 청년이 있다. 훈련소 생활을 포함해 10개월을 지나면서 성경을 세 번 통독했다는 그는 성경을 읽으면서 선임들에게 '미친놈' 소리도 들었다고 한다. 나중에 사과를 받기는 했지만 자기는 그런 소리 몇 번을 들어도 괜찮다고 했다. 그에게 군 생활 동안 성경을 최소한 다섯 번은 읽어야 한다고 독려해 주었다.

군 입대가 결정되고, 인사하러 오는 청년들에게 가장 먼저 강조하는 것은 무조건 성경 읽기다. 이해가 되지 않는다고 해도 청년기에는 무식할 정도로 성경을 많이 읽도록 권한다. 그러면서 몇 가지를 꼭 지키기를 당부한다.

첫째, 성경을 읽어라. 여러 번 읽다 보면 말씀이 나를 깨우치며 하나님의 심정이 헤아려질 때가 있을 것이다. 하나님은 말씀을 통해 그분의 사랑을 느끼게 하시고, 동시에 우리가 하나님의 뜻을 행하도록 하신다. 횟수의 유혹에 빠지지 말라. 성경을 한 번 더 읽었다고 해서 천국 마일리지나 포인트가 적립되는 것은 아니다. 자기와 하나님의 관계 문제다.

둘째, 성경 구절을 적어 두라. 마음에 감동을 주는 구절은 그냥 지나치지 말고 적어 두라. 그 말씀이 그 순간 마음에 닿은 이유가 있다. 그것을 생각하고 하나님이 어떤 분이시며, 지금의 나에게 무엇을 원하시는지 묵상하라. 어디든 좋으니 성경을 읽으면서 기록해 두라. 그리고 읽은 횟수와 날짜도 적어 두라.

셋째, 매일 읽어라. 바쁜 일에 쫓기다 보면 어느 순간 성경을 펼치지 못하고 보내는 날이 생긴다. 너무 바빠서 도저히 펼치지 못하는 상황이라면 화장실에라도 가지고 가서 조금이라도 읽어라. 자고 일어나 단장을 하듯이 매일 영혼을 단장하는 시간을 가져야 한다.

넷째, 성경을 휴대하라. 포켓 성경처럼 항상 휴대하기 좋은 성경을 마련하라. 상의 주머니에 쏙 들어가는 크기라야 어디서든 펼쳐 볼 수 있다.

다섯째, 읽을 조건을 따지지 말라. 성경을 읽는 데 조건을 따질 필요는 없다. 화장실에서도 좋고 자기 전 침대에 누워서 읽어도 좋다. 천막 안에서도 좋고, 트럭에서도 좋다. 언제 어디서나 성경을 펼칠 수만 있으면 그 이상은 따질 필요 없다.

여섯째, 눈치 보지 말라. 눈치를 보기 시작하면 읽기 어렵다. 태국에서 연합 훈련에 참가한 미군이 휴식 중에 나무 밑에서 책을 펼쳐 읽는 모습이 아주 멋있었던 기억이 난다. 어느 누구의 방해도, 의식도 없는 자유로움 그 자체였다.

그리고 추가적으로 한 가지 더 이야기하자면, 3개월 이상 반드시 실천하라. 성경 읽기는 하나님과 독대하는 시간이다. 대중의 눈을 의식해 좋은 모습으로 보이는 시간이 아니다.

성경을 읽는 경건한 모습이 모든 사람에게 중계된다면 마지막 코스를 뛰는 마라톤 주자처럼 힘이 나겠지만 그런 성격의 것이 아니다. 성경 읽기는 아무도 의식되지 않는 자유로움 속에서 하나님과의 만남이다. 그래서 더 가치가 있다.

하나님이 말씀하신다는 것은 우리와 교제하기 원하신다는 것이고, 우리를 교제의 대상으로 인정해 주신다는 것이다. 우리가 하나님을 알고 하나님을 사랑하게 하는 것도 말씀을 통해서다. 하나님은 우리와 교제하기 원하시고 친해지고 싶어 하신다. 크리스천이 하나님을 알려 주는 말씀을 읽지 않으면 무슨 기준으로 믿음 생활을 할 수 있겠는가.

성경을 보면 볼수록 그 안에 답이 있다. 살아가는 기준도 제시되어 있고, 우리가 어떻게 세상을 보고, 사람을 보고, 하나님을 봐야 하는지를 알려 준다. 청년의 때부터 하나님의 기준을 제대로 알아야 하나님의 마음을 기쁘시게 하는 결정을 내릴 수 있고, 하나님의 뜻을 거스르는 잘못된 결정을 내리지 않게 될 것이다.

성경을 한 번 읽는 데 68시간 정도 걸린다. 하루에 1시간 정도 읽으면 훈련이나 불가피한 상황을 제외하면 1년에 세 번 이상 읽을 수 있다. 그래서 군 생활을 하는 동안 다섯 번 정도 읽을 수 있다. 횟수가 중요하냐고 하겠지만 그것은 모르는 소리다. 목표를 두고 말씀을 가까이 하는 자를 성령님은 절대로 그냥 지나치지 않으신다.

군 생활반이나 휴게실에는 제한 없이 책을 읽을 수 있는 여건이 마련되어 있다. 독서 카페를 운영하거나 인문 소양을 기르기 위한 프로그램 등 병영 안에서 책을 읽는 분위기가 점점 더 좋아지고 있다. 군 생활은 성경을 다독할 수 있는 절호의 기회다.

신약성경의 경우 서신서가 많은데, 한 권을 읽는 데 며칠씩 걸린다. 그런데 생각해 보라. 사랑하는 사람이나 여자 친구에게서 편지가 왔는데 며칠에 걸쳐 나눠 읽지는 않는다. 한 번 잡으면 끝까지 읽는 것이 마땅하다. 그래야 이해하기도 쉽다. 성경도 마찬가지다.

중고등부 학생들을 섬길 때다. 교사 강습회에 갔다가 성경 통독의 중요성을 느끼고 온 여집사님과 내가 의기투합해 성경을 통독하는 여름 수련회를 계획했다. 그동안의 수련회는 물 좋고 공기 좋은 곳에 가서 찬양하고 게임하고 조별 발표하고 저녁에 집회하고 기도회를 하는 등의 순서로 진행했다. 그런데 이번 수련회는 구약성경 통독 수련회로,

평소보다 하루를 더 늘려서 4일로 잡고, 구약성경 전체를 읽고 올 것이라고 중간 계획을 발표했다.

그런데 예상 밖으로 다들 회의적이었다. 성경만 읽는 수련회에는 학생들이 참석하지 않을 것이라면서 교사들부터 반대가 완강했다. 학생 때 성경을 통독할 기회를 주고 싶다고 강조했는데 "아이들이 참가하지 않는데 무슨 수련회입니까!"라며 반대가 만만치 않았다. 요란 떨지 말고 평소처럼 하자는 것이 교사들 대부분의 생각이었다.

'아직은 아닌가 보다.'라고 생각하고 있었는데, 군대를 막 전역하고 다시 중고등부로 합류한 교사가 말문을 열었다. 계획대로 하자는 것이었다. 자기 스스로 말이 교사이지 지금까지 성경을 한 번도 끝까지 읽어 보지 못한 채 학생 앞에 서기가 부끄러웠다고 양심고백을 했다. 분위기는 급반전되었고, 단 한 명이 참가할지라도 이번 수련회는 계획대로 진행한다고 발표하고 그대로 진행했다. 꼼꼼하게 구약성경 권별로 읽는 시간표를 나누고, 성경별 개요를 만들어 준비했다.

출발 당일 모인 학생들을 보니 평소 수련회와 다름없이 대부분 참가했고, 고3 학생들까지 참가했다. 강원도 현리에서 근무하는 믿음의 선배에게 부탁해 군부대 교회와 협조한 후 학생과 교사들 모두 그곳으로 데려갔다. 도착해서 계속 성경만 읽었다. 식사와 간식을 먹는 것 외에는 일어나서 잘 때까지 계속 읽었다. 밑줄을 그으면서 읽었다. 둘째 날에는 학생들 몇몇이 찾아와서 중간에 몇 시간이라도 찬양과 교제하는 시간을 갖자고 제안했다. 학생들이 너무나 지루해한다고 했다. 그러나 전체 일정을 시간표대로 편성했기 때문에 통독을 끝마치지 못하게 될 수 있어서 그대로 진행했다.

마침내 4일째 되던 날, 구약성경의 마지막 권인 말라기를 읽고 "부흥" 찬양을 했는데 온통 눈물바다가 되었다. 왜 눈물이 났는지, 누가 먼저 눈물을 흘리기 시작했는지는 알 수 없지만 모두의 마음이 하나님을 향해 있음을 알 수 있었다.

수련회를 마치고 교회로 돌아오면서 중간에 강하게 반대했던 교사나 학생들 모두 하나님께 감사드린다고 고백했다. 그때 수련회에 참가했던 학생들은 지금 장성한 청년이 되었는데, 아직도 그때의 감동을 이야기한다. 당시 밑줄을 그으면서 읽었던 성경을 잘 간직하고 있다는 청년들도 있다.

성경은 그냥 덮어 두면 아무것도 아닌 종이책에 불과하다. 그러나 펼쳐서 읽고 묵상하면 하나님이 무한한 은혜를 우리에게 주신다. 참으로 신비롭다. 제임스 패커의 『성령을 아는 지식』은 칼빈이 성경의 중요성을 강조한 부분을 다음과 같이 소개하고 있다.

성경은 하나님께 초점을 맞춰 주는 렌즈다. 안경을 쓰지 않으면 책을 볼 수 없듯이, 이 성경이라는 안경은 하나님께 또렷하게 초점을 맞추도록 도와준다. 하나님께 대한 모호한 지식을 누구나 가지고 있지만 선명하지 않다. 하나님의 인격, 주권, 구원, 사랑, 성자, 성령, 하나님의 일과 그 일을 하시는 방식에 대해 초점을 맞추도록 도와주는 것이 성경이다.

성경을 읽어도 도무지 무슨 말인지 모르겠다는 사람들도 있다. 그러나 그 과정을 거치지 않고는 이해할 수 있는 단계로 한 번에 올라가기가 쉽지 않다. 성경은 은혜의 샘이고, 하나님을 향해 가는 삶의 기준이다. 우리 인생의 진정한 사용 설명서가 바로 성경이다. 최소한 자기 나이만큼이라도 성경을 읽자.

게으름, 지독한 저격수

"신학교를 마치고 온 저도 가끔은 쉬고 싶다는 생각을 합니다. 누구든 고참이 되면 그냥 편한 게 좋으니까 교회 안 가고 쉬려고 합니다. 그리고 교회를 가도 대부분 자요. 피곤하니까요. 군종병도 처음에는 하려다가 기본 임무 외에 추가로 해야 하는 일이니까 귀찮고 하기 싫어서 끝까지 하는 사람이 별로 없습니다. 대부분 멍하게 앉아 퍼져 있는 느낌입니다."

최근에 전역하고 나온 청년이 해 준 이야기다. 부대마다 다르겠지만 있는 그대로의 단면을 말해 주는 것인데, 듣는 내내 답답했다. 가장 패기 왕성하고 생동감이 넘치는 나이인데, 주일에 교회에 가려는 크리스천 청년들은 고참이 될수록 줄어들고, 참석한 병사들도 대부분 잠을 자는 현실은 어느 한두 곳의 교회에서만 볼 수 있는 장면이 아니다. 교회마다 잠자는 장병들에 대한 대안이 아직은 없다. 피곤에 지쳐 교회까지는 왔는데, 잠에 빠져든 장병들을 깨우는 것조차 마음이 아프니 교회에 왔을 때만이라도 푹 자게 놔두자는 것이 현재의 입장이다. 청년의 시기에 필요한 만큼의 잠을 충분히 자지 못하는 것이 장병들의 현실이다.

'군인에게 있어서의 잠'에 대해 사실적인 조사를 통해 소개하고 있는 책이 눈에 띈다. 데이비드 랜들이 지은 『잠의 사생활』이다. 저자는 정상적인 성인이 하루 8시간 이상의 수면을 보장받아야 맑고 초롱초롱한 뇌의 상태를 유지할 수 있는데, 전투에 참가 중인 미군의 경우 현재 2시간에서 6시간 정도의 수면으로 임무를 수행하고 있다고 했다.

이 책은 실제로 전투에서의 결과도 소개하고 있다. 1991년 2월 15일, 걸프전 당시 새벽 1시에 사막에서 있었던 이라크군과의 전차 전투에서 아군에 의해 두 대의 브래들리 전차가 당했다. 적으로 잘못 식별해 아군에게 전차포를 사격했던 것이다. 전투 후 분석을 거쳐 진실이 드러났다. 수면 부족이었다. 전투원들은 5일 동안 겨우 3시간밖에 잠을 자지 못했다. 수백 시간의 준비를 통해 쌓은 전투 기술과 훈련도 잠을 이기지는 못했던 것이다. 저자는 막 입대한 젊은 신병의 경우 9시간 정도의 잠을 자야 회복될 수 있다고 말한다.

우리나라 장병들도 대부분 수면이 부족한 상태다. 휴식 시간을 주면 대부분 잠을 자고 싶어 하는 것만 봐도 알 수 있다. 일정표를 점검하고, 장병들이 잠을 충분히 잘 수 있게 해 주어야 한다. 주일이 되어 부족한 잠을 이기고 교회에 나오는 형제들을 그 자체로 칭찬해 주고 싶다.

그러나 여기서 다루고자 하는 문제의 초점은 장병들을 충분히 재우자는 것이 아니라 습관적으로 잠을 자려는 것을 어떻게 이겨 낼 수 있는가다. 무기력에 빠지고, 귀찮은 상태에 머물러 있으려는 마음, 멍하게 앉아 있는 장병들의 답답함을 벗겨 주고 싶다. 교회 예배 시간에 잠이 든 장병들을 단적인 예로 들었지만, 생활반에서의 생활도 대부분 비슷하다. 그저 세월이 가기만을 기다리는 식으로 귀중한 시간을 낭비하고 있는 것이다.

답은 다양하겠지만, 가장 포괄적인 해답으로 '게으름'이라는 우리 내면의 스나이퍼(저격수)를 주목하고 싶다. 지금까지 외부에서 답을 찾으려는 노력이 정확한 해결책으로 제시된 적은 거의 없다. 그래서 그 답을 내면에서 찾고 싶다. 내면의 스나이퍼, 나를 죽이기 위해 가장 잘 보이는 곳에서 숨죽이며 기다리고 있는 게으름이라는 스나이퍼가 나에게 저격을 하고 있는 것이다. 그 스나이퍼의 총에 맞은 자들은 모두 고개를 숙인 채 깊은 잠에 빠져들고, 아예 교회를 찾을 생각조차 포기해 버렸다. 총에 제대로 맞은 것이다. 게으름은 비단 예배에만 해당되는 것이 아니라 생활 전반에 걸쳐 나타나는 현상이다.

교회 의자에 다닥다닥 붙어 앉아 매주 깊은 잠에 빠져드는 형제들을 보면 믿음의 역사를 통해 보여 줄 아무런 능력도 없고, 실천과 인내를 거쳐서 얻을 작은 열매조차도 찾아보기 힘든, 총에 맞아 쓰러지는 패잔병이 연상되곤 한다. 하나님의 뜻을 이루겠다는 분명한 목표 없이, 하나님을 향한 거룩함에 대한 추구도 없이 되는 대로 하루하루 살아가는 것은 우리가 대적할 마귀에게 그 어떤 위협도, 타격의 대상조차도 되지 못한다. 이미 총에 맞은 무기력한 크리스천으로부터 마귀가 어떤 위협을 받겠는가.

입대한 직후 힘겹고 벅찬 삶 속에서는 하나님을 더욱 간절하게 의지하고 찾았다. 부족하지만 한 걸음씩 주님을 향해 가고자 했다. 그런데 선임이 되면서 타협과 자기 위로에 빠져들기 시작한 것이다. 군 생활은 매일 자신을 부인하고 자신의 죄성을 죽이면서 살아가야 하는 삶이다. 그렇게 하루하루 애쓰며 살아야 한다는 사실을 인정하지 않는 것은 게으름이라는 스나이퍼가 쏜 탄에 맞아 무기력하게 죽어 가는 것과 같다.

성경에서 게으름을 책망하는 구절을 보면 한결같이 자신이 게으름을 선택한 모습으로 나타나 있다. 신약성경에서 게으름에 대해 찾아본 말씀 중 일부다.

"부지런하여 게으르지 말고 열심을 품고 주를 섬기라"(롬 12:11).
"…너희를 명하노니 게으르게 행하고 우리에게서 받은 전통대로 행하지 아니하는 모든 형제에게서 떠나라"(살후 3:6).
"…너희 가운데 게으르게 행하여 도무지 일하지 아니하고…"(살후 3:11).
"또 그들은 게으름을 익혀 집집으로 돌아 다니고 게으를 뿐 아니라…"(딤전 5:13).

다른 누군가가 자신을 게으르게 하는 것이 아니라 자신이 게으름을 선택해 행동한다는 것이다. 앞에서 소개한 전역한 신학생과 대화를 이어 갔다. 그는 자신조차도 고참이 되고 전역할 때가 되면서 많이 귀찮고 게을러졌다고 고백했다. 나태해지는 상황을 보면서도 바로잡아야겠다는 의지가 생기기보다는 빨리 군 생활을 마쳤으면 좋겠다는 생각밖에 없었다고 했다.

언제까지 게으름을 선택할 것인가? 전역하면 게으르지 않을 수 있는가? 시기의 문제가 아니라 의지의 문제요, 깨달음의 문제다. 김남준의 『게으름』을 보면, 게으름이란 단순한 인간 성향의 문제가 아니라 마음의 부패에 뿌리를 내린 그릇된 자기 사랑이라고 한다.

그렇다면 게으름이라는 스나이퍼를 그냥 둘 것인가? 그럴 수 없다. 우리가 가야 할 길을 방해하는 게으름이라는 적을 없애고 갈 길을 가야 한다.

『굿바이, 게으름』에서 저자 문요한은 삶에 방향성이 있다면 결코 게으를 수 없다고 단언한다. 그리고 그 방향성은 하나님으로부터 오는 능동적 선택에서 시작된다고 말한다. 하나님의 내면의 부르심에 대한 진솔한 실천이라고 할 수 있다. 저자는 목표가 없고 교감을 나눌 타인이 없을 때 사람들은 차츰 의욕과 집중력을 잃게 되는데, 미하이 칙센트미하이의 말을 인용해 "게으름은 천성이 아니라 목표와 관계를 잃을 때 나타나는 상태"라고 소개했다.

저자의 주장대로라면 우리가 다시 게으름으로부터 회복될 수 있다는 희망이 보이지 않는가? 하나님이 주신 방향성, 즉 내면에서의 부르심을 깨닫고, 그런 교감을 형제들과 함께 나누며 하나님이 우리에게 부탁하신 일들을 목표로 삼아 살아가는 모습으로 회복될 수 있다는 것이다.

여호수아는 출애굽 당시 모세를 돕는 군인이었고, 청년 시절부터 하나님께 선택되어 모세를 가까이에서 돕는 일을 했다. 출애굽기 17장에서 아말렉과 대적해 전쟁을 치르는 여호수아는 아말렉과 그의 부하들을 모두 무찌르고 승리했다.

하나님은 직접 여호수아의 이름을 언급하시면서 책에 기록해 기념하고 여호수아의 귀에 들려주라고 말씀하셨다. 여호수아는 모세가 하나님의 산에 올라갈 때 동행했고, 가나안 정탐을 할 때 지파의 대표로 참여해 하나님의 거룩한 뜻을 보았던 사람이다. 그래서 하나님은 그를 가리켜 여호와를 온전하게 따른 사람이라고 평가하셨다(민 32:12). 모세가 죽은 후 하나님이 여호수아를 지도자로 삼으셨을 정도로 그의 모습은 하나님이 보시기에 좋았다(민 27:18).

젊은 여호수아가 그런 모습을 갖추게 된 원동력은 무엇일까? 성경 말씀에서 그 답을 찾았다.

"사람이 자기의 친구와 이야기함 같이 여호와께서는 모세와 대면하여 말씀하시며 모세는 진으로 돌아오나 눈의 아들 젊은 수종자 여호수아는 회막을 떠나지 아니하니라"(출 33:11).

왜 여호수아는 회막을 떠나지 않았을까? 광야에서 때로는 피곤한 육신을 편히 쉬게 하고 싶지 않았을까? 게으르고 나태하고 싶은 마음이 들지 않았을까? 여호수아는 광야 같은 삶에서 이스라엘 백성들을 젖과 꿀이 흐르는 가나안 땅으로 이끄시려는 하나님의 계획과 인도하심에 대한 확신을 가지고 있었다.

모세가 하나님과 동행하는 삶을 사는 것을 바로 옆에서 지켜보면서 잔뼈가 굵어진 여호수아였다. 그는 청년 시절 모세를 섬기면서 하나님의 거룩한 뜻을 중심으로 흔들리지 않을 수 있는 방법은 하나님과 가까이하면서 그분이 주신 소명을 이루는 것임을 몸으로 익혔다. 그런 여호수아였기에 게으르지 않고 하나님의 영광에 의해 이끌림을 받는 회막을 떠나지 않았던 것이다.

우리도 여호수아처럼 하나님으로부터 우리 삶의 동력을 얻자. 하나님이 주시는 방향성을 다시 회복하자. 내가 지금 서 있는 이곳에서 다시 한번 하나님이 부탁하신 일을 되새겨 보자. 처음 입대할 때의 마음, 하나님께 기도했던 제목들, 내가 사랑해야 할 전우들, 섬겨야 할 교회와 지체들을 하나님의 시선으로 다시 돌아보고 회복하자.

연합하라, 혼자서는 버티기 힘들다

여름 수련회가 열린 바닷가, 청년들과 함께 저녁을 먹고 나면 해가 뉘엿뉘엿 진다. 까만 밤이 몰려오기 전에 주섬주섬 나뭇가지들을 모으고 쌓아서 불을 피운다. 모닥불이 다 만들어지면 주위에 사람들이 몰려들고 기타 연주와 함께 하나님을 찬양하기 시작한다. 처음 와서 수줍은 청년들도 있고, 나이가 제법 있는 청년들도 있다. 밤이 깊도록 모기에 물리면서 서로 어우러져 청춘의 고민을 이야기하고 이런저런 이야기꽃도 피운다. 제법 깊이 있는 이야기로 들어가면, 자리를 옮겨서 하나님의 말씀에 비춰 하나하나 조심스레 꺼내 놓고 풀리지 않던 속내를 말해 본다.

하루살이가 내일을 알 수 없듯 지금은 다 이해할 수 없지만 함께 나누고 서로를 이해하면서 나 혼자만 어려움을 겪는 것이 아니라 웃고 있던 지체의 마음에도 힘겨움이 가득했음을 알게 된다. 마치고 나면 한결 더 성장한 느낌이다. 생전 처음 맛본 듯한, 그동안 볼 수 없었던 아름다움을 본 듯 기분이 좋아진다. 예수님을 중심으로 연합한 힘은 우리의 마음을 회복시켜 준다. 서로 위로하고 힘을 합하면 더 힘이 난다. 신앙의 힘이다.

이처럼 신앙의 원리는 함께 타는 불과 같다. 잘 타는 장작도 따로 두면 시들해지지만, 함께 모아 두면 서로에게 불을 주고받으면서 더 크게 타오른다. 불의 기세가 좋을 때는 젖은 나무도 다 태워 버린다. 이와 같이 군 생활을 하는 신앙인들이 서로를 위로하고 격려하면서 협력해 나간다면 신앙생활뿐만 아니라 군 생활에도 많은 활력을 얻을 수 있다. 혼자서도 믿음을 잘 지켜 갈 수 있겠지만 동역자들과 서로 의지하며 감당해 나간다면 그만한 회복제가 없다.

동류의식이 강할수록 개인이나 조직의 단결력이 강해진다. 비슷한 사람끼리 서로 잘 뭉치고 돕게 된다는 뜻이다. 크리스천만큼 한 형제요 자매라는 동류의식이 높은 공동체도 없을 것이다. 서로를 위해 무엇을 해도 아깝지 않고 싫지 않다.

워싱턴에 갔을 때다. 도시의 외곽으로 벗어나면서 아름다운 숲과 저택들이 있는 폴스처치(Falls Church)를 지나는데, 수백 년은 지났을 법한 커다란 나무들이 힘없이 쓰러져 있는 모습이 이따금 눈에 들어왔다. 얼마 전 커다란 폭풍이 왔는데, 다른 나무들은 뿌리로 다 연결되어 있어서 끄떡없었다. 그런데 큰 나무들은 혼자 자라느라 뿌리가 서로 엮일

만한 나무가 주변에 없어서 강한 폭풍을 이기지 못하고 쓰러졌다고 했다. 아무리 강한 사람도 혼자 서 있으면 버티기 힘들다. 연합하는 모습이 더 강하고 힘이 된다.

군 교회에 출석해 보면 모닥불에 놓인 나무처럼 연합할 지체들이 많이 있다. 그 교회에는 병사, 부사관, 장교, 군인 가족들, 어린 자녀들, 가까운 지역 신자 등 다양한 사람들이 모인다. 모두가 장로님, 권사님, 집사님, 형제로 통한다. 목사님을 중심으로 모두 교회 식구다. 얼굴을 알아 가면서 더욱 친근해지고 서로를 위해 관심과 사랑을 주고받는다.

아는 권사님 중에 "우리 아들!" 하면서 교회에 나오는 형제들을 아들처럼 안아 주고 사랑으로 대해 주시는 분이 있다. 그분의 두 아들은 오래전에 전역했으니 병사들은 아들보다도 한참 어리다. 남편이 30년 넘게 복무하는 동안 크리스천 병사들을 친자식처럼 대해 주고 있다.

그분은 교회에 나오는 병사들의 손을 따뜻하게 잡아 주면서 맞이하고, 등을 두드려 주면서 격려를 아끼지 않는다. 식사와 간식을 챙겨 주며 불편함은 없는지, 부대 생활이 힘들지는 않은지 늘 염려하고 격려해 주는 권사님을 병사들은 당연히 좋아한다. "교회 오면 권사님이 꼭 엄마처럼 잘해 주시니까 이제는 진짜 엄마 같아요."라고 말하는 병사들이 많다. 이처럼 권사님은 병사들이 힘들고 짜증 나고 모든 것이 싫어지는 순간에도 교회에 오면 따뜻한 엄마의 사랑을 느낄 수 있도록 하고 다시 살아갈 힘을 주는 역할을 한다. 권사님은 하나님이 병사들을 섬기라고 자신을 보내셨다며 확고한 섬김의 각오를 보이신다.

군인인 남편을 따라 시집와서 오랫동안 군 교회를 섬기는 많은 군인의 아내들은 모두가 병사들의 '교회 엄마'다. 아들 같은 병사들을 교회에서 만나면 친자식처럼 대해 주고 그들을 위해 기도한다. 그들이 무사히 복무를 마치고 교회를 떠날 때 많은 '교회 엄마'들은 기쁨의 눈물을 같이 흘려 준다. 2년 정도 키우다가 진짜 엄마에게 돌려보내는 심정이라고 한다.

　때로 군 교회에 출석하는 간부들의 모습에 따라 부정적인 면도 같이 영향을 준다. 평소에는 병사들에게 모질게 대하다가 주일에만 교회에 나오는 모습은 하나님의 영광을 가린다. 그런 간부가 보기 싫어서 교회에 가기 싫다고 말하는 병사들도 있다. 실족하게 하는 자들은 연자 맷돌을 목에 걸고 바다에 빠지는 것이 더 낫다고 하신 예수님의 말씀이 왜 그토록 심각한 말씀인지 부딪혀 보면 알게 된다.

　이런 위험성에 대한 경고는 『관계의 영성』을 쓴 레너드 스윗에 의해 예리하게 지적되고 있다. 그는 아우슈비츠 살인 전문가인 독일 친위대 장교의 20%가 크리스천이었다면서, 그들 자신은 믿음 생활을 했는지 몰라도 옳게 살았다고 볼 수는 없을 것이라고 말한다. 우리의 모습을 끊임없이 돌아봐야 할 이유가 여기 있다. 같은 시대에 군복을 입고 국가를 지키는 소명을 다함에 있어 그리스도의 사랑으로 연합하는 장작을 찾아 신앙의 모닥불을 지펴 가길 바란다.

꼭 알아야 할 군대 톡톡

군대에서 성경 읽기, 이렇게 해 보자

제대로 신앙생활을 하고 싶으면 성경을 펼치고 읽어야 한다. 매일 먹는 영적인 식사라고 생각하고 실천해 볼 일곱 가지 접근법을 소개한다.

1. **성경을 읽겠다고 마음을 먹어 보자**
   군대야말로 성경을 읽기 정말 좋은 기회다. 첫 스텝은 성경을 읽어야겠다는 마음을 먹는 것이다. 성경을 읽기로 했다는 마음을 주변 사람들에게 알리는 것도 좋은 방법이다.

2. **성경 구절을 적어 두자**
   성경을 읽다 보면, 수천 년 동안 수많은 신앙의 선배들의 마음을 찔러 쪼개고 감동시킨 말씀들이 나온다. 나의 마음에 감동을 주는 구절을 만날 때, 꼭 적어 두는 습관을 갖자.

3. **성경을 매일 펼치자**
   매일 성경을 펼치는 것은 엄청난 힘을 준다. 바쁜 날에는 한 줄이라도 읽어라. 최소한 조금이라도 읽고 자라.

4. **성경을 꼭 휴대하자**
   휴대하기 좋은 성경을 준비하자. 어디에 있든 펼쳐서 읽을 수 있도록 성경을 휴대하는 습관을 만들어 보자.

5. **성경 읽을 조건을 따지지 말자**
   성경 읽는 데 조건은 없다. 화장실, 침대, 천막 안, 트럭, 어디든 좋다. 언제 어디서나 성경을 펼칠 수만 있으면 그 이상은 따지지 마라.

6. **자유 시간의 첫 시간을 성경 읽기에 두자**
   자유 시간이 되면 가장 먼저 성경을 읽어라. 시간을 쓰는 우선순위를 성경 읽기에 둬 보자. 조금이라도, 단 10분이라도 성경부터 펼치고 나서 다음 것을 하자.

7. **성경을 읽는 데 눈치 보지 말자**
   아무도 의식되지 않는 자유로움 속에서 하나님과의 만남은 값진 시간이 될 것이다. 성경을 꾸준히 펼치면 다른 사람들에게도 전염이 되는 것을 보게 될 것이다.

이 요령을 3개월 이상 반드시 실천해 보자. 처음에는 모든 것이 어색할 것이다. 하지만 자연스럽게 습관이 될 때, 영적인 공급과 함께 자신의 영혼이 늘 신선하고 깨끗해지는 경험을 하게 될 것이다.

선배 톡톡

군대의 사춘기 시절, 군대 자아를 찾다

 지난 2년의 군 생활을 돌아보면서 가장 중요한 시절을 꼽으라면 단연 상병 시절을 말할 수 있다. '군대의 사춘기'라 볼 수 있는 그 시간을 어떻게 보내느냐에 따라 남은 군 생활은 물론 전역 후 모습까지 달라지기 때문이다.
 우선, 상병이 되면 이병과 일병 때는 볼 수 없었던 '진짜' 모습들이 드러나기 시작한다. 관리를 받던 일·이병에서 관리자의 위치가 되고, 계급에 따른 권력이 생기면서 자신들의 성격과 본모습이 드러난다. 이때 자신의 '군대 자아'가 형성된다. 군대 자아란, 자신이 이병과 일병 시절을 보내며 세워 둔 자신만의 기준들을 군 생활에 적용하여 만들어지는 하나의 '군대 성격'과 같은 것이다.
 흔히들 까부는 친구들이 군에 다녀오면 얌전해지고, 조용하던 친구들이 군에 다녀오면 활발해진다는 이야기가 있다. 아주 틀린 이야기는 아니다. 사회에서 자신의 의지로는 전혀 느낄 수 없는 계급사회에서 하층, 상층의 경험을 통해 그동안 자신이 몰랐던 부분을 알게 되어 상대에 대한 배려나 혹은 자신의 다른 모습들을 발견하면서 각각 느낀 대로 다르게 행동하기 때문이다. 이때, 가장 중요한 것은 자신만의 기준이 절대적으로 필요하다는 것이고, 그 기준이 올바른 상태여야 한다는 것이다.
 나는 일병 시절에 '상병이 되면 절대 후임을 때리지 말자!'라는 기준을 세웠다. 물론 올바른 기준이었다. 과연 잘 지켜졌을까? 아니다. 내 기억으론

한두 번은 지키지 못한 것 같다. 물론, 당시 상황만을 보면 나의 그 '어김'이 합당하다고 할 수 있을지도 모르나 어떤 이유에도 폭력은 정당화될 수 없고, 내가 세웠던 기준은 이미 무너져 버린 후였다. 그 일 이후, 후회하고 또 후회하며 다시는 그렇게 하지 않겠다고 다짐했고 전역할 때까지 그 기준을 지켰다.

우리가 군대에 가면 각자의 역할(계급)이 주어진다. 특히 상병 때는 군 생활의 방향을 성경적인 가치관이 녹아 들어가 있는 자신만의 분명한 기준을 세워서 실천하고, 행동으로 보여 주면서 군 사춘기 동안 '군대 자아'를 잘 만들어 가길 바란다. 그 기준이 공감을 얻고, 제대로 실행에 옮겨지면서 선임에게 인정받고, 후임에게 존경받는 좋은 군인이 되는 것, 이것이야 말로 크리스천으로서 가장 이상적인 군인의 모습이 아닐까 싶다.

신성섭, 삼일교회, 사업가

5장

중간 점검
육각형 믿음의 용사

정체성, 나는 누구이고 여기는 어디인가?

이 땅에 많은 질병이 있는데 그중 가장 치명적이고 안타까운 병은 무엇일까? 모든 병이 안타깝고 슬프겠지만, 알고 지내는 50대 집사님이 요즘 이 병 때문에 힘들어하신다. 못 걷고, 못 먹고, 못 자고 그런 병이 아니다. 겉보기에 별다른 점이 없고 오히려 더 건강해 보인다. 문제는 기억을 못 한다는 것이다. 자기가 한 말을, 자기가 한 행동을 기억하지 못한다. 치매 초기 증상이란다. 엄청 꼼꼼했던 분이고 나이가 그렇게 많지도 않은데 말이다. 가장 치명적이고 안타까운 병은 바로 치매가 아닐까 싶다. 그냥 '깜박깜박할 수 있지.'라고 생각할 수도 있지만, 이 병이 무서운 이유는 바로 나 자신을 잃어버리기 때문이다.

베드로전서는 예수님을 믿는다는 이유로 혹독한 핍박이 가해지던 시대에 핍박받는 그리스도인들에게 베드로가 쓴 편지다. 역사가의 기록에 보면, 로마에 큰 화재가 있었고 누가 그 화재를 냈는지 모르지만, 네로 황제가 그 원인을 그리스도인들에게 돌렸다고 한다. 그래서 모든 화살이 그리스도인들에게 향했다. 어느 정도 핍박이었을까? 왕따를 당하고, 물건을 사지 못하는 정도가 아니라 그리스도인들에게 가축의 가죽을 입히고, 개들에게 물려 죽게 하고, 심지어는 너희가 믿는 예수처럼 너도 죽여 주겠다며 십자가에 못 박아 죽이기도 했다. 상상도 할 수 없는 핍박이었다. 이방 땅에서 예수님을 믿던 그리스도인들은 이런 고난 앞에서 그만 병에 걸리고 만다. 자신이 누구인가를 잃어버리는 병, 곧 영적인 치매였다.

지독한 고난 앞에서 내가 누구인지 잊어버리는 것이다. 더 심각한 것은 나뿐만 아니라 하나님까지 잊어버리는 것이다. 그런 성도들에게 베드로는 말한다.

"그러나 너희는 택하신 족속이요 왕 같은 제사장들이요 거룩한 나라요 그의 소유가 된 백성이니 이는 너희를 어두운 데서 불러 내어 그의 기이한 빛에 들어가게 하신 이의 아름다운 덕을 선포하게 하려 하심이라"(벧전 2:9).

군대에 와서 가장 먼저 배우는 것이 무엇인지 아는가? 제식훈련, 총 쏘기보다 먼저 배우는 것이 있다. 바로 '관등성명', 계급과 이름을 말한다. 내가 누구인지를 가장 먼저 배우는 것이다. 여기에 예외는 없다. 훈련병에서부터 장군에 이르기까지, 그리고 군선교사로 섬기는 나 자신도 마찬가지다. 예배를 섬기기 위해 부대에 들어갈 때마다 위병소에서 근무하는 병사들이 차를 세워서 물어본다. "충성! 관등성명이 어떻게 되십니까?" 그러면 나는 "필승교회 목사 이은성."이라고 대답한다. 부대에 들어갈 때마다 위병소에 근무하는 병사의 물음에 난 내가 누구인지를 한 번 더 확인할 수 있다.

여러분의 관등성명은 무엇인가? 우리는 모두 그리스도인이 아닌가? 그런데 군대에 와서 체력적·정신적으로 지금까지 살아온 20여 년 인생에서 가장 힘들다 보니, 내가 그리스도인임을 잊어버리고 주일에도 침상에서 일어나지 못하는 병사들이 많다. 위로가 필요할 때가 많지만, 진정한 위로이신 예수님을 찾는 것을 잊어버렸다. 사회에서는 신학생이요, 교회에서 청년부 회장이자 모태신앙이지만, 부모님이 없으니 신앙의 밑바닥이 드러나고 그리스도인으로서 정체성을 잊어버리고 만다.

군대에도 하나님은 살아 계시며 그분의 은혜는 여전히 풍성하다. 하나님께서 말씀하신다. "너는 내 거야. 너는 내가 택한 소유야. 너는 거룩한 나라야." 하나님께서 친히 우리를 구별해 주셨기에 우리 한 사람 한 사람은 모두 특별하다. 그리고 더욱 중요한 것은 구별함을 받은 그리스도인으로서 삶을 가치 있고 소중하게 사는 것이다.

"…어두운 데서 불러 내어 그의 기이한 빛에 들어가게 하신 이의 아름다운 덕을 선포하게 하려 하심이라"(벧전 2:9).

우리는 택하신 족속이요 왕 같은 제사장들이요 거룩한 나라요 그의 소유가 된 백성이다. 군대에서 이 정체성을 잃어버리지 말고 예수 그리스도의 복음을 생활관에서, 소대와 중대와 대대에서 선포하는 믿음의 용사가 되길 응원한다.

섬김, 코너스톤(cornerstone)

군대에서 갖춰야 할 덕목들을 생각해 보면 몇 가지를 들 수 있다. 국가와 국민에게 충성하는 것은 군인의 근본적인 덕목이다. 또한 위험을 무릅쓰고 임무를 수행하는 용기는 군인에게 필수적인 덕목이다. 자신의 임무와 역할에 책임을 지는 것도 군 생활에서 중요한 덕목이다. 또 하나를 더한다면 전우애라는 덕목일 것이다.

군인은 군대라는 특수 조직에서 전쟁과 마주할 것을 항상 대비한다. 이때 생사를 함께하며 형성되는 강력한 유대감, 동료를 위해 희생하고 헌신하는 정신, 이것이 바로 전우애다. 이것은 어려운 군 생활을 견뎌 내는 데 큰 힘이 된다. 따라서 전우애는 당연히 군 생활의 필수 덕목이다. 하지만 지금은 많이 약해진 듯하다. 여러 가지 원인을 들 수 있겠지만, 시대적으로 입대하는 병사들의 세대가 '우리'라는 공동체에 의미를 두기보다는 '나'라는 개인을 우선시하는 경향이 한몫할 것이다. 함께 생활관을 쓰고 바로 옆에서 1년 6개월이란 시간을 함께하지만 핸드폰 번호를 서로 모르는 경우가 많다. 그리고 재미있는 모습은 군대 교회에 와서 서로 놀라며 "너도 교회 다녔어?"라고 말하는 것이다.

요즘 들어 병사들을 보면 무관심이 당연해지고 무관심한 것이 서로에 대한 예의처럼 보이기도 한다. 하지만 여기는 군대이다. 그리스도인이라면 이러한 현실을 당연히 불편해하지 않을까? 하나님을 사랑하고 내 인생에서 잊지 못할 시절에 함께하는 가장 가까운 이웃인 전우를 사랑하는 것, 즉 전우애는 새 계명에 대한 순종이다.

성경에서 에베소 교회를 보면 가장 큰 문제는 이단이나 핍박 등 외부의 문제가 아니라 내부의 문제였다. 함께 예수 그리스도를 믿고 따른다면서, 한쪽에서는 "우리가 누군지 알아? 구약의 모세의 자손이야!"라고 외치고 편을 나누기 시작한다. 교회 성도들끼리 싸우는 것이다. 우리는 새로운 곳에 가서 사람들을 만났을 때, 몇 마디 말만 나눠 보고 본능적으로 나와 맞는 사람과 맞지 않는 사람으로 구분하고 있지는 않은가?

사도 바울은 에베소 교회 성도들에게 건축의 예를 들어 말하고 있다.

"그러므로 이제부터 너희는 외인도 아니요 나그네도 아니요 오직 성도들과 동일한 시민이요 하나님의 권속이라 너희는 사도들과 선지자들의 터 위에 세우심을 입은 자라 그리스도 예수께서 친히 모퉁잇돌이 되셨느니라"(엡 2:19-20).

이처럼 사울은 싸움으로 분열하거나 무관심으로 말라비틀어지는 관계에 대한 해답으로 예수님이 친히 모퉁잇돌이 되셨음을 알려 준다. 모퉁잇돌이란 무엇인가? 기준이자 기초가 되는 돌이며 가장 낮은 데 깔려 있는 돌이다. 예수님은 모퉁잇돌로 이 땅에 오셔서 가장 낮고 비참한 저주의 자리인 십자가에서 죽으심으로 죽음과 생명의 기준이 되어 주셨다.

군대에서 작은 예수로 예수님을 따르기 원한다면 생활관과 근무처에서 모퉁잇돌의 역할을 감당하며 섬겨야 한다. 종교란에 '기독교'라고 적는 데서 끝나는 것이 아니라 전우애를 회복해야 한다. 건축물에서 모퉁잇돌이 빠지면 될까? 절대 안 된다. 가장 기준이 되고 가장 밑에 깔려있기 때문이다. 예수님처럼 군대에서 모퉁잇돌의 역할로 섬기는 사람이 되어야 한다. 그러려면 동료들에게 중요한 사람, 위로해 주는 사람, 힘들 때 생각나는 사람, 고마운 사람이 되어야 한다.

'린치핀'(linchpin)을 알고 있는가? 원래 마차나 수레의 바퀴가 빠지지 않도록 축에 꽂는 핀을 의미한다. 바퀴가 아무리 고급스러운 소재로 만들어지고 크고 훌륭해도 린치핀 하나가 없으면 아무 소용이 없다. 요즘은 군대가 참으로 풍족하다. 하지만 린치핀 같은 대체 불가능한 존재의 한 사람을 찾아보기 어렵다. 그만큼 린치핀의 역할을 할 사람이 절실히 필요하다.

가장 낮은 자리에서 섬기는 사람이 행복한 사람이다. 많은 사람의 사랑을 받으며 전우들을 예수님께 이어 줄 수 있는 선한 영향력이 있는 사람이다. '나 혼자 군 생활 잘하다가 전역하면 그만'이라고 생각하고 있다면, 군에 있는 동안 생각의 틀을 넓히는 계기로 삼아 보자. 처음에는 어색하겠지만, 때로는 불편한 상황도 만나겠지만, 용기를 내서 어색함이나 두려움에 맞서며 예수님의 사랑을 하나씩 실천하는 모퉁잇돌의 역할을 감당해 보는 것은 어떨까?

코너스톤의 역할을 한다는 것은 참으로 어려운 일이다. 섬기기로 자처한다는 것이 세상에서 볼 때는 이해되지 않는 일이고, 잘못하면 만만한 사람으로 여겨지는 경우도 발생하게 된다.

내가 만난 한 병사는 이런 고백을 했다. 자신의 군 생활이 절반 정도 지났을 때 돌아보니 너무도 부끄러웠다고 한다. 근무하는 데 있어 정직하지 못했고, 동기들에게 하나님을 전하지 못했고, 감사가 아닌 불평과 불만으로 생활했다는 것이다. 사실 그 병사의 군 생활이 녹록지 않았지만, 그는 아무런 핑계를 대지 않겠다고 다짐했다. 그리고 결심했다. 아직 반이나 남은 군 생활을 하나님의 말씀을 붙잡고 부대의 빛과 소금 역할을 하겠다고 말이다.

그 병사는 자신의 결심대로 끝까지 부대와 생활관에 빛과 소금이 되고 섬김의 역할을 감당했다. 그리고 마침내 전역하는 날, 그의 환한 미소를 잊을 수 없다. 우리도 인생의 끝에 예수님 앞에서 환하게 웃을 그날을 기다린다.

관계, 군대에서 무엇이 가장 힘들까?

군대에서 가장 힘든 것은 무엇인가? 병사들에게 물어보면 일부는 혹한기 훈련, 유격 훈련, KCTC 훈련 등 '훈련'이 가장 힘들다고 한다. 또 다른 병사들은 자유가 없음을 가장 힘들어한다. 공감이 된다. 하지만 정작 병사들이 정말 힘들어하는 것은 훈련이나 자유 없음이 아니라 사람 간의 관계다. 태어나서 처음 만난 사람과 지금까지 살아온 개인적인 어떤 배경이나 선입견 없이 한곳에 모여서 함께 살아가는 것이니 당연하다.

어느 정도 시간이 지나면 이제는 적응할 만하다 싶은데도 관계란 것이 쉽지 않다. 함께 동고동락하기 때문에 함께 생활관을 쓰는 전우나 소대, 중대원들에게 보여 주기 싫은 모습을 보여 주게 되고, 다른 전우들의 보기 싫은 모습도 계속 보여서 눈에 거슬리고, 또 누군가의 말투 하나하나가 계속 마음에 남기도 한다. 이런 보이지 않는 관계가 군대 안에서 나의 에너지를 잡아먹는 것이 또 화가 난다.

요즘 군대 생활관 모습을 보면 관계가 힘들 수밖에 없는 구조이다. 일과 시간 이후에는 모두 핸드폰이 지급된다. 핸드폰 사용 자체를 반대하는 것은 아니다. 핸드폰은 그리운 사람과 자유롭게 소통하고, 단절된 것처럼 느껴지는 군대에서 사회와 연결되는 통로가 된다. 또 핸드폰으로 동영상 강의 등을 보면서 공부하는 병사들도 있다. 하지만 문제는 핸드폰으로 인해 대화가 사라졌다는 것이다. 예전에는 행정반에서 스피커를 통해 "행정반에서 전파합니다."로 시작되는 공지 방송이 나가면 그에 따라 각 생활관이 움직였다.

하지만 지금은 이렇게 방송으로 공지하는 것보다 생활관, 소대, 중대 단체카톡방이 훨씬 소통이 잘되고 효율적이다. 더욱이 병사들의 양쪽 귀에는 무선 이어폰이 꽂혀 있다. 스피커로 방송을 해도 잘 못 듣는다. 게다가 병사들끼리의 소통도 한정적이다. PX에 갈 때는 핸드폰과 이어폰이 친구가 되고, 식사 시간에도 옆에 있는 전우들과 이야기를 나누는 것이 아니라 내 입맛에 맞게 터치하면서 보고 들을 수 있는 핸드폰과 소통하는 것이 편하다. 군대에서 한 명만 이러는 것이 아니라, 모두가 다 이렇게 생각하고 행동하니 말을 할 필요도 이유도 없다.

이런 생활 속에서 관계가 형성되기란 당연히 쉽지 않다. 서로 알아가고, 이해하고, 조금 더 깊어지면 속 이야기도 나누면서 친구가 되는 것인데 그럴 필요가 없으니 말이다. 이런 상황에서 사소한 오해가 관계를 비틀어 버린다. 함께 살고 있지만 서로를 바라보지 않는다. 더 안타까운 것은 군에서 가장 중요한 전우와의 관계뿐만 아니라 하나님과의 관계가 흐트러지는 모습을 보는 것이다. 진정한 지혜가 필요한 때다.

하나님은 솔로몬에게 소원을 물어보신다.

"기브온에서 밤에 여호와께서 솔로몬의 꿈에 나타나시니라 하나님이 이르시되 내가 네게 무엇을 줄꼬 너는 구하라"(왕상 3:5).

잘 알고 있는 것처럼 솔로몬은 지혜를 구했고, 그래서 솔로몬의 이름 앞에 '지혜의 왕'이란 말이 따라붙는다. 그렇다면 솔로몬이 구한 지혜는 무엇인가? 이 세상의 이치를 다 깨닫는 지식일까? 성경은 지혜가 무엇인지 명확하게 말해 준다.

"누가 주의 이 많은 백성을 재판할 수 있사오리이까 듣는 마음을 종에게 주사 주의 백성을 재판하여 선악을 분별하게 하옵소서"(왕상 3:9).

지혜는 다름 아닌 듣는 마음이다. 하나님의 말씀을 잘 듣는 마음, 이것이 지혜이다. 또한 다른 사람의 이야기를 잘 듣고 판단하고 이해해 주고 같이 기뻐하고 슬퍼할 줄 아는 것이 진정한 지혜이다. 군대에서 사람과의 관계와 하나님과의 관계가 꼬이는가? 들을 여유와 듣는 마음이 없어서 그런 것은 아닐까? 듣지 않는데 어떻게 관계가 형성되고 돈

독해질 수 있겠는가?

　지금 우리 사회는 소통이 빨라지고 소통할 수 있는 수단도 많아졌다. 몇 년 전만 해도 군대에서 공중전화를 사용하는 것은 하늘의 별 따기였다. 신병교육대에서는 20발 사격 가운데 18발 이상 명중을 했을 때, 포상으로 공중전화를 사용할 수 있었다. 신병교육대를 마치고 자대에 와서는 공중전화 대기 줄이 길어서 한참을 기다린 후 수화기를 들 수 있었다.

　지금은 소통의 수단이 많고 간편해졌으며 군대에서도 핸드폰 사용이 당연해졌다. 그런데 왜 오해는 더 많이 생기고, 관계는 더 꼬이기만 할까? 지금 군 생활을 하는 장병들에게 가장 필요한 것은 상대방을 존중하며, 상대방의 말과 행동을 듣고 살피는 마음이다. 이것이 진정한 지혜이고, 관계를 여는 열쇠이며, 막힌 관계를 회복할 수 있는 치료제이다. 하나님과의 관계, 전우들과의 관계가 건강하다면 어떠한 힘든 훈련도 잘 이겨 낼 수 있다.

예배, 신앙인의 용기

 군 생활을 잘하기 위해서는 내가 관리할 수 있는 것과 없는 것을 잘 구별할 필요가 있다. 사실 군 생활에서는 내가 관리할 수 없는 부분이 훨씬 더 많다. 아침에 일어나는 것부터 내 마음대로 할 수 없다. 군대에서는 피곤하다고 더 잘 수 없고 정해진 시간에 반드시 기상해야 한다.
 즉 일과 시작부터 끝나는 시간까지 내가 관리하고 컨트롤할 수 있는 부분이 거의 없다. 다만 평일에는 일과 이후 나만의 시간이 주어진다. 하지만 저녁 식사를 하고 무언가를 좀 해 보려고 하면 금세 핸드폰을 반납하고 청소한 후 취침에 들어가야 한다. 이것이 반복되는 게 군 생활이다. 이처럼 주중에는 내가 관리하거나 컨트롤할 수 있는 부분이 거의 없다. 미래를 위해 열심히 준비하고자 하는 병사들은 이렇게 컨트롤할 수 없고 자유가 없는 군 생활로 인해 스트레스를 많이 받는다. 일과

가 끝나도 순번에 따라 당직 근무, 불침번, 위병소 근무가 계속해서 주어지니 스트레스를 받을 수밖에 없다. 그래서 악착같이 버티고 해내는 마음이 필요하다. 하지만 무엇보다 군대에서 필요한 것은 바꿀 수 없는 것을 받아들이는 '평온함'이다.

그렇다면 우리가 집중할 것은 군대에서 주말을 어떻게 보내느냐다. 주말은 근무나 특별한 일이 없다면 하루 종일 내가 컨트롤할 수 있는 자유 시간이다. 주말에 무엇을 해야 할까? 축구, 농구, 요즘 유행하는 몸만들기? 이렇게 운동하고 자기 계발을 하는 병사들도 있지만, 대부분 핸드폰을 보고 잠을 잔다. 일주일 내내 훈련과 근무 등으로 인해 피로가 쌓였으니 쉬고 싶을 것이다. 그래서 군대에서도 매주 토요일 아침에는 이른 아침 식사 대신 10시 30분에 브런치 데이를 실시한다. 아침과 점심시간 사이에 소고기와 채소가 큼직하게 들어간 찹스테이크와 소스가 듬뿍 뿌려진 핫도그, 샐러드까지 식판에 푸짐하게 나온다.

하지만 군대에서 주말 풍경을 보면 심할 정도로 잠을 청하는 모습을 많이 본다. 이러한 모습은 여러 가지 메시지를 전해 주는데, 그중 한 가지가 잠을 자면서 지금의 현실을 회피한다는 것이다. 그저 시간을 허비하는 것은 아닐까 싶다.

더욱 가슴이 아픈 모습은 주일 아침이 되었는데도 생활관 침상에 누워 있는 것이다. 그리고 참 희한하게도 아무리 믿음이 좋은 병사라도 이러한 분위기 안에 있으면 너무 쉽게 동화되어 버린다는 사실이다. 바꿔야 한다. 침상을 벗어나 씻고, 부대 교회로 향해야 한다. 모두 누워 있는 생활관, 불이 다 꺼진 생활관을 홀로 나온다는 것은 결코 쉽지 않다. 사회에서처럼 가족들이 다 같이 교회를 향하는 것도 아니고, 남들은 다 쉬고 있는데 나만 쉬지 못하니 휴식 보장을 침해받고 손해 보는 것 같은 생각이 들 수도 있다. 그러니 나만 바꿀 것이 아니라 옆에 나란히 누워 있는 전우들까지 변화시켜야 한다.

이런 일은 아주 불가능한 일이 아니다. 주님께서 하시기 때문에 가능하다. 문제는 내가 통로의 역할을 감당할 용기가 있느냐 없느냐이다. 군대에서는 바꿀 수 있는 것을 변화시킬 수 있는 용기가 필요하다. 어떤 병사들은 집에 가서 쉬고 오거나, 동기나 동료들과 함께 나간 경우 술을 마시거나 피시방에서 게임 등으로 시간을 보내곤 한다. 쉰다고 말하지만, 술이나 게임은 몸과 정신을 혹사시킨다.

어떤 병사가 지난주에 말하기를, 돌아오는 주일에는 외박을 나가서 예배에 나올 수 없다고 했었다. 그런데 주일날이 되어 예배를 준비하는데 그 병사가 교회에 나왔다. 속으로는 '외박이 잘렸구나(취소되었구나).' 싶어서 예배 후 병사에게 다가갔다. 그런데 외박 때 가지고 가는 커다란 전투 가방이 옆에 있었다. 나도 모르게 "어떻게 된 거야?"라고 물으니, 그가 "외박 중입니다."라고 대답했다. "외박인데 왜 네가 여기…."

본인 말은 어제 피시방에서 밤을 새우고 예배를 드리러 교회에 왔다는 것이다. 그 병사는 예배를 마치고 또 부대 밖으로 나가 남은 시간을 즐기고 외박 복귀를 했다. 이 사건은 부대의 문을 지키고 있는 위병소에서도 이슈였다. 일요일 아침에 외박을 나갔던 병사가 조기 복귀한 줄 알았는데, 부대 교회에서 예배만 드리고 다시 나간다는 것이 위병 근무를 관장하는 간부도 이해가 되지 않았기 때문이다.

'군대니까', '훈련이 다음 주에 있으니까', '외박 중이니까', '휴가 중이니까' 등 여러 가지 이유가 있어 예배와 타협하려고 하는가? 충분히 할 수 있지만 하지 않는 것은 아닌지 생각해 보자.

우리는 군대에서 내 인생의 주인이 내가 아님을 인정해야 한다. 그것을 가장 잘 배울 수 있는 곳이 군대가 아닐까? 내 인생의 주인이 나라면 내 인생과 내 몸뚱이는 내 마음대로 할 수 있어야 한다. 그러나 군대에서의 삶을 생각해 보자. 당장 위병소 밖으로 한 발짝이라도 내 마음대로 나갈 수 있는가? 지금 눈꺼풀이 나도 모르는 사이에 몇 번 깜박였는지 아는가? 모를 것이다. 내가 주인인데 내 눈꺼풀을 내 마음대로 컨트롤할 수 없다. 세상에서 그토록 외치고 있는 '인생의 주인은 너 자신이다. 네가 원하는 대로 너의 인생을 디자인하라.'는 말이 멋져 보여도 사실은 거짓이라는 뜻이다. 따라서 우리는 지금 '지혜'를 구해야 한다.

> 바꿀 수 없는 것을 받아들이는 '평온함'과 바꿀 수 있는 것을 변화시킬 수 있는 '용기', 이 둘의 차이를 분명히 알 수 있는 '지혜'를 위해 기도합니다.
> — 미국의 신학자 라인홀드 니버(Karl Paul Reinhold Niebuhr)가 쓴 "평온을 비는 기도"(Serenity Prayer)

성숙, 두려움의 반대말

겨울이건 여름이건 상관없이 입대하는 아침은 왠지 모르게 춥게 느껴진다. 마음이 추워서 그렇다. 입대하기 전에 군대 이야기를 아는 형들에게 많이 들었겠지만, 본인이 직접 입대해서 겪을 1년 6개월은 상상만 해도 막막할 것이다. '처음 만나서 하루 24시간을 함께 살아야 할 사람들이 도대체 어떤 사람들일까? 훈련소를 마치면 나는 어느 부대로 배치될까?'

또 아들을 보내는 부모님의 입장은 어떨까? 우리 아들이 키만 크고 덩치만 컸지 아직 어린데, 내심 내 손을 떠나는 것이 걱정된다. 또 군대라는 곳이 아무리 편해지고 좋아졌다고 해도 거기에서 혹시 적응하지 못하는 것은 아닐지 부정적인 상상이 이어진다. '군대에서 예배는 어떻게 드릴까? 내가 아침에 깨우지 않고 닦달하지 않아도 우리 아들이 교회에서 예배드릴까?' 이런 수많은 질문이 꼬리에 꼬리를 물고 머릿속을 짓누른다.

입대하는 당사자나 부모님의 마음 한편에 두려움의 씨앗이 싹을 틔운다. 그대로 놔두면 엄청나게 커질 것이다. 어떻게 이 두려움을 없앨 수 있을까? 군 생활에 잘 적응하고, 또 전역을 앞두고 있다면 두려움이 사라질 것 같기도 하다. 하지만 내가 만난 병사들 가운데 열 명 중 아홉은 전역 전날까지도 두려움이 있었다. 바로 '전역하고 뭘 하고 살지?'라는 두려움이다. 사실 군대에서도 미래를 위해 많은 것을 준비할 기회와 시간이 있다. 예를 들어, 개인에게 필요한 자격증 취득을 위한 여건이 잘 이루어져 있다. 하지만 두려움은 실체 없이 군 생활 내내 병사들의 마음속을 파고든다.

마가복음 4장에 큰 풍랑을 만난 제자들은 두려움에 떨고 있다.

"예수께서는 고물에서 베개를 베고 주무시더니 제자들이 깨우며 이르되 선생님이여 우리가 죽게 된 것을 돌보지 아니하시나이까 하니"(막 4:38).

이 말씀 안에는 두려움의 특징이 고스란히 드러나 있다. 두려움 앞에서 극단적으로 생각하고 확대해석하는 모습이다. 풍랑이 크게 몰아치는 것은 사실이다. 하지만 그 때문에 죽게 된 것은 아니다. 죽을 것 같을 뿐이고, 죽을 것처럼 두려울 뿐이다. 혹시 요즘 내 입에서 이런 말이

나오고 있지는 않았는가? "내 인생은 끝났어.", "힘들어 죽겠어.", "군 생활 망했어."

군 생활이 쉽지 않은 것은 사실이다. 하지만 망하지 않았고 망할 것도 없다. 두렵고 걱정되어서 내 상황을 확대해석하고 있다면, 다시 한번 팩트 체크가 필요하다. 두려움을 이겨 내라! 이것이 핵심이다. 어떻게 두려움을 이겨 내고 물리칠 것인가? "나는 두렵지 않다!"라고 아침마다 일어나서 100번, 1,000번 노트에 쓰거나 거울 앞에서 외치면 될까? 조금은 도움이 될 수도 있겠지만, 어디까지나 일시적이다.

풍랑을 만나 두려워하고 있는 제자들을 향해 예수님이 말씀하신다.

"이에 제자들에게 이르시되 어찌하여 이렇게 무서워하느냐 너희가 어찌 믿음이 없느냐 하시니"(막 4:40).

예수님은 두려워하는 이들에게 두려워하지 말라고 하시는 것이 아니라 믿음을 체크하신다. 두려움을 이기는 것은 다름 아닌 믿음이다. 군대라는 곳은 풍랑과 같이 내가 예측할 수 없다. 누구를 만날지, 어느 부대에서 자대 생활을 할지 알 수 없다. 훈련에도 계획은 있지만 훈련이 진행되는 동안 1분 1초도 예측이 불가하며 풍랑을 맞이한 배에 물이 차오르는 것처럼 두려움이 차오른다. 이때 이 배에 예수님이 함께 타고 계신다는 사실을 기억하라!

우리의 군 생활 가운데 예수님이 함께하신다는 사실을 기억하고 믿어야 한다. 이것이 두려움을 이기는 완벽한 방법이다. 예수님이 함께하시는 데 배가 침몰할까? 그분이 함께하시는 배의 목적지는 가장 안전한 곳이며, 이미 예수님이 계획해 놓으셨다. 진짜 우리가 두려워해야 할 것은 함께 배에 타고 계신 예수님을 잊어버리는 것이다. 군 생활을 하는 장병들도, 군대에 아들을 보낸 부모님들도 두렵고 힘든 상황에서 하나님 말씀을 가까이하지 않는 자신을 두려워하자.

사명, 기다림의 열매

　얼마나 기다렸을까? 하염없이 나오기를 기다릴 수밖에 없는 노릇이다. 위병소 앞에 도착했다고 카톡을 보냈지만, 숫자 1이 없어지지 않고 있다. 카톡 대화창의 숫자 1이 없어지고 답장이 오면 이제 핸드폰을 받아 나오고 있다는 의미인데, 아직 핸드폰을 받지 못한 모양이다. 더 기다려야 한다. 언제 나올까? 나왔을 때 그 영광스러운 순간을 포착하기 위해 내 차의 룸미러 앞 선글라스를 넣는 공간에 핸드폰 카메라가 켜져 있다. 어느새 동영상 녹화가 진행된 지 40분 정도가 흘렀다.

　인생에서 잊지 못할 순간이기 때문에 그의 이야기를 담을 핀 마이크 또한 점검이 다 끝났다. 문제는 언제 나오느냐이다. 이른 아침 위병소 앞은 한산하다. 부대로 들어가는 간부들, 군 아파트에서 학교 버스를 타러 나오는 아이들, 눈을 비비며 채 마르지 않은 머리를 이리저리 정리하는 교복 입은 학생들이 분주하게 지나간다.

이곳은 누군가에겐 집 앞이지만 누군가에겐 경계선이다. 마음대로 들어갈 수도 없고 나갈 수도 없다. 들어갈 때와 나올 때 고작 한걸음 차이의 경계선이지만, 그 너머에는 완전히 다른 세상이 펼쳐진다. 그곳에서 맡은 일을 마치고 나오는 이를 기다리는 시간은 참으로 무료하다.

다시 핸드폰을 열어 보지만 내가 보낸 "나 도착했어!"라는 메시지는 아직 주인을 만나지 못한 모양이다. 그때 메시지 주인의 카카오톡 D-Day가 눈에 들어온다. D-0. 내가 기다리는 40분도 이렇게 힘겨운데, 1년 6개월 동안 오직 이날만을 기다린 그 병사는 얼마나 힘들었을까? 그 마음이 조금 헤아려진다. 오늘이 그날이다. 기다리고 기다리던 그날, 바로 전역하는 날이다. 이렇게 1년 6개월을 들어갈 때부터 나오는 날까지 하루하루 카운트하며 기다린 적이 인생에서 또 있었을까?

인생에서 가장 힘든 것은 무엇일까? 관계, 일, 미래, 꿈 등 여러 가지 답변이 나오겠지만, 그런 것이 힘든 이유는 매번 기다림이란 과정을 통과해야 하기 때문이 아닐까? 기다림 없는 인생이 어디 있는가? 기다림 없는 것은 아무것도 없다. 밥 먹을 때도 밥이 나오길 기다리고, 미래의 꿈을 위해서도 잘 기다려야 한다. 새 아침도 그냥 오는가? 밤 동안의 기다림이 분명히 있다. 이 아침을 맞이하는 그 병사도 인생의 큰 기다림을 뚫고 마침내 오늘 기다림의 마침표를 찍는다.

그는 왜 이렇게 이날을 기다렸을까? 누군가에겐 어제와 같은 하루지만, 오늘 그에겐 마지막이고 시작이다. 모든 기다림은 끝이 있기에 기다릴 수 있지 않을까? 끝이 없다면 기다림 자체가 있을 수 없다. 그리고 이제 기다림의 끝, 전역하는 그를 기다리는 내가 있다.

드디어 카톡 답장이 왔다. "중대 전역 신고가 늦어졌어요. 빨리 갈게요!" 반갑다. 오래 기다렸기 때문이다. 기다림이 길면 길수록, 외로우면 외로울수록, 간절하면 간절할수록 기다림의 끝은 더 반갑다. 내가 지금까지 가장 간절히 기다린 것은 무엇일까? 그리고 어떻게 기다릴 수 있었을까? 이제 몇 명이 부대 위병소를 통과해서 나온다. 나도 차에서 내려 내가 기다린 그가 오는지 바라본다. 몇 명이 스쳐 지나가고 드디어 한 명이 반갑게 나를 부른다. 1년 반 동안 만났지만 저렇게 해맑은 모습 처음 본다. 그리고 내게 말하고 있다.

"목사님, 저 이제 전역했어요!"

"이날을 많이 기다렸지? 수고 많았어. 축하해!" 전역한 병사를 태우고 기다리던 집으로 달려간다. 차 안에서는 지금까지 군대 생활 이야기, 신앙생활 이야기, 앞으로 기도하고 꿈꾸는 것들을 나눈다.

전역 날을 기다리는 자는 지칠 수가 없다. 그날이 정해져 있기 때문이다. 군대 생활을 하면서 많은 것을 느낄 수 있다. 1년 6개월의 희로애락은 마치 인생의 축소판과 같다. 인생에도 마지막은 온다. 마침내 전역 날이 오듯이 말이다.

"이 천국 복음이 모든 민족에게 증언되기 위하여 온 세상에 전파되리니 그제야 끝이 오리라"(마 24:14).

예수님의 재림과 군대 전역의 공통점은 분명히 그날이 온다는 것이다. 차이는 하나뿐이다. 군대 전역은 날짜가 정해져 있어서 남은 날이 계산 가능하다. 하지만 예수님이 다시 오실 그때는 아무도 모른다. 그래서 지금 우리의 과제는 그날까지 잘 기다리는 것이다.

전역 날이 오는 것처럼 예수님도 곧 오신다. 나는 예수님이 언제 오셔도 부끄럽지 않게 살고 있는가? 전역하는 날 병사가 나를 반갑게 부르며 군에서의 모든 임무를 다 마쳤다고 반갑게 인사하듯이, 이 땅에서의 모든 사명을 다하고 주님을 만나는 날 우리도 주님께 반가움의 인사를 나눌 수 있기를 바랄 뿐이다.

군 생활 동안, 하나님께서 나에게 맡겨 주신 사명을 잘 감당하고 군문을 나서기를 축복한다.

꼭 알아야 할 군대 톡톡

육각형의 신앙 체크리스트

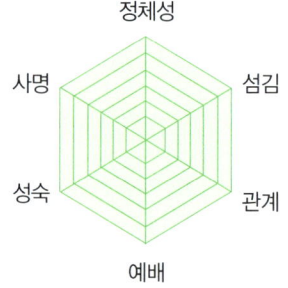

군대 톡톡 육각형 용사

정체성
– 식사 시간에 하나님께서 주신 음식에 감사하는 기도를 기쁘게 드리는가?
– 입대하면서 챙겨간 개인 성경책을 가지고 있는가?
– 부대에 배치된 후 자신이 크리스천임을 드러낸 적이 있는가?

섬김
– 생활관이나 훈련장, 업무 중에 궂은일이 있을 때 먼저 나서려는 마음이 있는가?
– 군 교회에서 신우회나 교회 사역에 참여하고 있는가?
– 다른 전우나 부대를 위해 크리스천으로서 손해를 보거나 희생을 감수할 마음이 있는가?

관계
- 함께 생활하는 생활반 전우들의 전화번호가 있는가?
- 나의 도움이 필요하다고 생각이 드는 전우가 주변에 있는가?
- 현재 출석하는 교회의 군 교회 목사님(군선교사님)과 개인적인 이야기(신앙을 포함)를 나눌 수 있는가?

예배
- 선·후임, 동기들에게 주일에 교회에 함께 가자고 말해 본 적이 있는가?
- 정해진 주일 예배 시간보다 먼저 교회에 가서 예배를 준비하고 있는가?
- 진심으로 예배가 나의 삶의 중심이 된다는 것을 고백하는가?

성숙
- 군 전역하기 전까지 군대에서 정한 '신앙의 목표'가 있는가?
- 주말이나 평일 일과 후 시간을 효율적으로, 유익하고 의미 있게 보내고 있는가?
- 군대에서 경험하는 어려운 상황들을 신앙이 성숙해지는 과정으로 받아들이는가?

사명
- 신병이 처음 부대에 왔을 때 군 교회에 대해 안내한 적이 있는가?
- 군 생활 가운데 가슴에 새기고 있는 약속의 말씀이 있는가?
- 하나님께서 군 생활 동안 주신 소명, 사명에 대해 생각한 적이 있는가?

선배 톡톡

선배 용사들의 고백

군종병 임명식을 위한 간증문

저는 어렸을 때부터 흔히들 말하는 '모태신앙'으로 살아왔습니다. 그러나 나이를 먹고, 머리가 크면서, 세상의 것에 가려져 하나님 앞에서 완고해지기 시작했습니다. 그렇게 꺼져 가는 촛불 같은 신앙의 상태일 때 군대가 닥쳐왔습니다. 너무 두려웠습니다. 아무도 없이, 저 홀로 바다 한가운데에 떨어진 느낌이었습니다. 저는 그제야 스스로 주님을 찾게 되었습니다.

아마도 군대에 오지 않았더라면, 평생 이렇게 간절히 주님을 찾지 않았을지도 모릅니다. 그렇기에 이곳에 오게 하시고, 이곳에서의 시간을 연단으로 받아들일 수 있게 하심에 감사합니다. 이곳에서 만난 한 분 한 분이 너무 귀하고, 이 만남들 모두 하나님의 계획 안에 있음을 믿습니다.

시작은 그저 저의 혼란한 마음을 위한 간구일지 몰라도, 이러한 믿음이 성숙해져서 제 삶이 예수님을 닮아 가길 원합니다. 필승교회 군종병으로 섬기면서 이 다짐이 더욱 굳어지길 원합니다. 아직 많이 부족합니다. 신앙의 선배님들께 열심히 배워 가겠습니다. 감사합니다!

손지환, 육군 필승교회, 일병

코너스톤의 역할을 다짐하며

군 생활의 반을 향해 달려가는 시기이다. 그 가운데 나의 모습을 돌아본다. 너무나도 부끄럽다. 날마다 나를 살리시는 주님 앞에 무릎으로 나아가지 못했다. 근무와 일과 가운데 정직하지 못했고, 주님이 주시는 시간을 거룩하게 사용하지 못하고, 나의 사욕과 죄를 위해 사용했다. 오늘도 이 생명의 떡을 먹지 못하는 이들에게 하나님을 전하지 못했고, 모범이 되지 못하고 오히려 그들보다 더 추악한 모습을 보였다. 감사가 아닌 불평과 불만으로 일관했다.

수많은 핑계를 댈 수도 있겠지만, 이 이후부터 핑계를 대지 않고 나의 주인이시며 나를 살리시는 주님께 나의 무릎을 드린다. 군 생활이 아직 반이나 남았음을 기억하며 감사를 드린다.

주님의 말씀을 먹으며 담대히 우리를 살리시는 예수님을 전하기를 소망한다. 예수님께서 몸은 살아 있으나 영적으로 죽어 하나님의 형상을 잃은 나를 다시 살리사, 다시금 이 부대의 빛과 소금의 역할을 다할 수 있기를 소망한다.

김정웅, 육군 필승교회, 일병

6장

전역을 앞두고
깨워라, 거룩한 용기

상병 이후, 수고와 섬김이 더욱 빛난다

군 교회는 일반 교회와 달리 성도들이 자주 바뀐다. 목사님도 자주 바뀌고 성도들도 근무지가 달라지면서 바뀐다. 한곳에 2년 이상 머물기가 쉽지 않다. 그래서 군 교회는 일꾼이 많이 필요하다. 이를 거꾸로 생각해 보면, 교회를 직접적으로 섬길 수 있는 기회가 많다는 뜻이 된다. 교회 일에는 온갖 도움의 손길이 필요하다. 악기를 연주하거나, 컴퓨터로 예배 진행을 돕거나, 찬양대로 섬기거나, 주변 조경을 정비하는 것도 누군가의 섬김이 있어야 가능하다. 그래서 교회에 불필요한 사람은 한 사람도 없다고 말하는 것이다.

어느 병사의 이야기가 생각난다. 입대 전에는 청년부 활동을 하며 재밌게 교회에 다니다가 군에 오면서 자신이 크리스천임을 숨기고 살았다. 그러면서 다른 병사들과 술도 마시고 담배도 피우면서 아무 생각

없이 1년 정도를 지냈는데, 우연히 교회에 들렀다가 군에 오기 전 고향 교회가 생각났고, 찬양대에서 활동하던 자신의 모습이 떠올랐다. 몇 주 더 망설이다가 '내가 이러면 안 되지. 교회에 다시 나가야지.' 하는 마음에 군종병에게 말해서 다시 교회에 나가게 되었다.

입대 전처럼 찬양대에서 봉사도 했는데, 그만 문제가 생겼다. "술, 담배 다 하고 후임들에게도 야박하게 굴던 녀석이 교회에 나가는 것이 웃긴다."라고 자신을 비웃는 소리가 들렸던 것이다. 교회에 다시 나가서 기뻤고, 찬양하는 것이 정말 좋은데 험담이 들리자 고민에 빠졌다.

답답한 마음에 조용한 주말 오후에 교회에 와서 앉아 있는데, 험담하는 사람들이 미운 것이 아니라 지난날 후배들을 괴롭히던 자신의 모습이 떠올라 미안한 마음이 들면서 진심으로 반성을 했다. 한참을 울다가 고개를 들어 보니 자기 눈물에 어렴풋이 예수님의 십자가가 겹쳐 보였다. 그 십자가를 마주하는 순간, '내가 그만두면 안 되지. 이겨 내야지.'라는 마음이 들었고, 후임들에게 잘해 주면서 그동안의 미안함을 갚겠다는 결심을 하게 되었다. 이것이 진정한 승리 아니겠는가.

육군은 중대마다 군종병을 두고 있다. 군종병은 본인이 희망하면 선임 군종병이나 목사님의 추천으로 할 수 있다. 교회와 목사님을 돕는 군종 업무만 전담으로 하는 경우는 거의 없고, 자신의 일을 하면서 군종 업무를 추가로 해야 한다. 따라서 순수하게 하나님께 봉사한다는 마음으로 해야 한다. 다른 사람보다 추가적인 일을 하는 것이지만 하나님의 일을 곁에서 돕는다는 영적인 기쁨이 클 것이다. 해군과 공군, 해병대는 비슷해서 군종 업무만 전담하게 하고, 교회를 섬기며 군종 목사님의 사역을 돕는다.

군종병이 악기를 다룰 수 있다면 더더욱 좋다. 잘 다루지 못하더라도 하나님을 기쁘시게 하겠다는 생각으로 군 생활 동안 교회와 동료들을 섬긴다면, 이는 큰 보람이 될 것이다.

적응을 못하는 후임을 군종병이 잘 보살피는 좋은 사례들은 많다. 한 군종병은 군에 늦게 와서 중대에서 제일 나이가 많았는데, 전역할 때까지 적응하지 못하고 힘들어하는 후임 병사들을 집중적으로 도왔다. 하나님이 그 병사를 그렇게 사용하신 것이다. 다윗의 시편 고백을 보자.

"주의 궁정에서의 한 날이 다른 곳에서의 천 날보다 나은즉 악인의 장막에 사는 것보다 내 하나님의 성전 문지기로 있는 것이 좋사오니"(시 84:10).

우리가 사는 날 동안 하나님을 섬기면서 사는 기쁨은 다른 것과 비교할 수 없다. 미미한 노력과 수고이지만 예수님의 몸 된 교회의 작은 부분을 내가 맡아서 봉사를 하는 것은 여간 기쁜 일이 아닐 수 없다. 화장실 한 칸이라도, 식당 의자라도, 방송실이라도 한 부분에 자신의 수고와 섬김을 심어 보자.

상병 정도 되면 주말에 자발적으로 교회에 와서 살다시피 하는 병사들이 많다. 생활반에서 쉬는 것도 좋지만 교회에서 청소하고, 찬양하고, 연주하고, 농구도 하고, 어린아이들과 놀아 주면서 군 생활의 주말을 풍성하게 보낸다. 후임병 때는 참여가 어렵겠지만 선임이 되면서 하나님의 일을 위해 작게나마 쓰임받는 손길이 되기를 바란다.

전도, 하나님의 기막힌 타이밍을 기대하라

　어느 정도 부대에서 계급이 올라가면서 병장의 안정권에 정착되면 이제 본격적으로 그동안 닦아 두었던 터전에 열매를 맺는 사역에 집중해야 한다. 바로 영혼 구원이다. 누군가를 사랑하는 것은 그 사람이 영적으로 바로 서서 성장하도록 돕는 것이라고 확신한다.

　하나님이 주변에 사랑의 손길을 내밀라고 우리를 지금 이 자리에 보내셨다면, 다른 사람을 막연하게 돕는 것을 넘어서서 영적으로 성장하도록 도와야 한다. 군대라는 환경에서 부족한 우리가 누군가의 영적 성장을 돕는 것은 한마디로 그들을 교회로 인도하는 것이다.

　군에 들어가기 전부터 군 생활 기간 목표 중 하나로 영혼 구원을 생각해야 한다. 목표가 없으면 당연히 방향성을 상실하게 된다. 복음을 전하면서 알게 된 것은 생각 외로 많은 사람들이 예수님에 대해 피상적으로만 알지 구체적인 복음에 대해서는 알지 못한다는 것이고, 어떤 사람들은 정확하게 복음을 들을 기회도 없이 지낸다는 것이었다. 신자라고 하면서 교회에 다니는 사람들조차 복음에 대해 제대로 모르는 경우가 많기 때문에 정작 복음을 전할 기회가 와도 머뭇거리기만 하는 안타까운 경우를 많이 접했다.

"너희 마음에 그리스도를 주로 삼아 거룩하게 하고 너희 속에 있는 소망에 관한 이유를 묻는 자에게는 대답할 것을 항상 준비하되 온유와 두려움으로 하고"(벧전 3:15).

이 말씀이 얼마나 정확한지 직접 경험한 적이 있다. 결혼한 지 얼마 되지 않은 때였다. 복음 전도에 대해 부족한 상태라 준비와 훈련이 필요하다는 생각을 하던 차에 성경 공부 모임의 리더인 선배의 제안으로 며칠에 걸쳐 전도 준비를 했다. 서로 역할을 바꿔 가면서 메시지를 점검하고 연습도 했다.

준비가 다 되었다고 생각한 다음 날 아침이었다. 새벽 예배를 마치고 집으로 오는데 테니스를 치러 나가던 총각 후배와 마주쳤다. 평소 그에게 복음을 전해야겠다는 생각을 했던 데다 마침 어제까지 연습한 전도에 대한 메시지를 적용할 겸 말을 꺼냈다.

"저녁에 밥 먹을 데 없으면 우리 집으로 밥 먹으러 와."

후배는 "요즘 총각들 집 밥 먹기 어려운데 감사합니다."라면서 흔쾌히 받아들였다. 나는 아내에게 두 가지를 부탁했다. 하나는 식사 준비였고, 또 하나는 내가 복음을 전할 때 방에 들어가서 그 영혼과 전하는 나를 위해서 기도해 달라는 것이었다. 하루 종일 저녁 시간에 복음을 전할 내용이 머릿속에서 맴돌았다. 복음을 전한다고 생각하니까 마음이 떨렸고 '거절하면 서로 얼마나 민망할까?' 하는 마음이 들기도 했다. '그냥 밥만 해 주고 좋은 선배 소리나 듣고 말까?' 등 별의별 생각이 다 들었다.

드디어 저녁 식사 시간이 되어 후배가 찾아왔고, 식사를 마친 후 그에게 초대한 목적을 이야기했다.

"복음을 전하고 싶은데 들어 보겠어?"

그러자 후배는 살짝 얼굴이 빨개지더니 수락했다. 조금 분위기가 어색해졌지만 나머지는 하나님께 맡기기로 하고, 20분 정도 성경을 펴 가면서 우리를 죄에서 구원하기 위해 오신 예수님, 십자가에서 우리의 죄를 해결하시고 부활하신 예수님에 대해 이야기했다. 아내는 방에 들어가 기도했고, 나는 식은땀을 흘려 가면서 진지하게 전했다.

그러고 나서 "예수님을 믿으면 좋겠다."라고 하자 "안 그래도 주변에 교회 다니는 사람들이 많은데 저도 기회가 되면 가 보고 싶었습니다."라고 하는 것이 아닌가. 게다가 이번 주부터 내가 안내해 주면 교회에 같이 나가겠다고 했다. 나는 '심장이 터져서 죽을 것 같다.'라는 표현이 거짓말인 줄 알았는데 사실이었다. 죽을 것처럼 심장이 뛰었다. 그리고 속으로 외쳤다.

'하나님, 감사합니다. 이 영혼을 구원하셨군요. 그런데 왜 제가 이렇게 기분이 좋을까요?'

또 하나 깨달은 것은 내가 복음을 전할 준비가 될 때까지 하나님이 기다리고 계셨다는 것이다. 우리가 준비가 되면 하나님이 구원받을 영혼들을 만나게 해 주신다. 군에 있는 동안 하나님이 맡기신 영혼을 위해 기도하면서 그동안 친하게 지냈던 선임과 후임들에게 자연스럽게 예수 그리스도를 전해야 한다. 어쩌면 복음을 전하고자 하는 목적 하나만을 위해 지금까지 섬김의 모습으로 살아왔는지도 모른다.

물론 복음을 전한다고 해서 모든 사람이 예수님을 그 자리에서 받아들이는 것은 아니다. 그러나 전하는 것이 중요하다. 그다음은 하나님이 책임지실 일이다. 상대방에 따라 전하는 방식도 다양할 수 있다. 듣지 않으려고 하거나 마음이 열리지 않은 사람에게는 하나님이 그때그때 형편에 맞게 방법을 가르쳐 주신다.

교회에 다니지 않던 병사를 전역한 후에 만났다. 그를 전도하고 싶었지만 내가 제대로 본을 못 보였던지 전역할 때까지 교회에 나가지 않았다. 한참 후에 다시 만나 그의 말을 듣고 놀랐다. 그는 말을 마칠 때마다 하나님을 높였다. 어찌 된 일인지 물었더니, 전역 후에 고향에 와서 얼마 되지 않아 교회에 나가게 되었다고 했다. "나와 함께 있을 때 그렇게 교회 나가자고 해도 안 가더니, 그때는 내가 보기 싫었던 거야?" 하고 웃으면서 교회에 출석하게 된 계기를 물었다.

그는 "특별한 계기는 없었지만, 전역하고 나서 교회에 가고 싶어서 나가게 된 겁니다."라고 담담하게 대답했다. 그러면서 군에 있었을 때의 일을 이야기해 주었다.

어느 날 내가 그에게 설교 테이프를 주었다고 했다. 상관이 자신을 사랑하는 마음에 들어 보라고 준 것을 뿌리칠 수 없어서 들어봤는데 설교를 듣는 중에 가슴이 뛰었고, 뭔지 모르지만 계속 심장이 울렁거렸다고 했다. 설교 테이프를 돌려주면서 나에게 그 이야기를 했더니 내가 그에게 "너는 나중에 예수님을 믿을 가능성이 높겠다."라고 말했다고 했다. 물론 나는 기억나는 바가 없었다.

하나님의 구원 역사를 우리는 알 수 없다. 우리가 처한 상황에서 기회가 될 때마다 주변 사람들에게 복음을 전하는 것 외에는 더 할 것이 없다.

또 한 사례는 하나님의 타이밍에 대한 이야기다. 군 생활을 한 지 얼마 되지 않은 후배 장교가 아침마다 술이 덜 깬 모습으로 출근했다. 무슨 일인지 묻자 선배들이 저녁마다 데리고 나가 술을 먹인다고 했다. 첫 부임지부터 술을 좋아하는 선배를 만나 저녁마다 술을 먹는 것이 당연해지는 중이었다. 하루는 그를 불러서 타일렀다. 맑은 정신에 임무를 수행해야 하는데, 저녁에 술을 많이 마시면 그다음 날에 지장을 받게 되니 주중에는 아침에 술 냄새가 나지 않았으면 좋겠다고 차분하게 이야기했다. 자신도 수긍을 하고 금요일 저녁에만 마시겠다고 말했다. 그리고 약속을 지켰다.

지내보니 성격도 좋고 일도 잘하는 심지가 굳은 청년임을 알 수 있었다. 순간 그를 전도하고 싶은 마음이 들었다. 같이 교회에 가 보지 않겠느냐고 말했더니 이번 주는 약속이 있고, 다음 주부터 가겠다고 순순히 답을 하는 것이었다. 편하게 하라고 했는데도 다음 주부터 꼭 가겠다고 확실한 표정으로 답을 했다.

약속한 주일이 되었고, 그를 데리고 몇 주간 교회에 참석하면서 예배드리는 자세나 따라야 할 순서, 성경을 가까이하는 등 기본적인 것을 알려 주었다. 그는 믿기지 못할 정도로 잘 따라 했고, 교회에 대해서도 질문을 많이 하면서 빠르게 적응해 갔다.

그러던 중에 후배가 자기 이야기를 했다. 목사님 딸을 소개받아서 교제를 하고 있는데 교회에 대해서 참고할 만한 것들을 가르쳐 달라고 했다. 나는 크게 웃었다. '그래서 그렇게 잘 따라다녔구나?' 생각하면서 속으로 무척 기뻤다. 하나님이 기가 막힌 타이밍에 그의 영혼을 잡아채서 구원의 과정으로 인도하시기 위해 나를 포함해 여러 환경을 동시에 사용하신 것이라는 느낌을 강하게 받았다.

이런 과정들을 경험하며 알게 된 것은 예수님이 가장 관심을 가지고 계신 부분이 바로 영혼 구원이라는 것이다. 문제는 그 일을 해야 할 우리가 영혼 구원에 관심을 가지고 있느냐다. 교회에는 가고 싶은데 누군가 교회에 가자고 말해 주는 사람이 없었다는 말도 들은 적이 있다. 일이 힘들고, 개인적으로 어려움이 겹칠 때 교회에 가고 싶은데 혼자 갈 수 없는 사람들이 있다. 우리가 예수님을 믿는 색깔을 확실하게 나타내기만 하면 찾아와서 교회에 함께 가자고 접근하는 사람들을 만날 수 있다. 언제 어떤 상황에서 사람을 낚는 어부가 될지는 아무도 모른다.

잘 아는 선배 중에 유독 기독교를 강하게 부정하는 선배가 있었다. 이기적이고 자신들만 아는 사람들이 크리스천이라고 하면서 달갑지 않게 여겼다. 주변에 있던 크리스천들에게 실망을 많이 했던 모양이다. 그런 그가 중한 병에 걸렸다는 진단을 받고 실의에 빠졌다. 가족들도 충격에 휩싸였다. 가만히 있을 수 없어서 찾아가서 담대하게 복음을 전했다.

당연히 집어치우라고 할 줄 알았는데, 열심히 예수님을 믿으라고 주장하는 나를 물끄러미 쳐다보았다. 나를 바라보는 그의 모습은 어두웠다. 기회를 놓치지 않고 "듣기 싫어도 예수님에 대해 꼭 들으셔야 합니다." 하며 복음을 전했다. 예수 믿는 사람에게 실망한 것은 실망한 것이고, 예수님을 아직 믿어 본 적이 없으니 거부하지 말고 생명을 주시는 그분을 구원자로 믿으라고 더욱 강하게 권유했다.

그는 예전과 달리 조용히 내 말을 듣더니 "어떻게 하는 것이 네가 그토록 말하는 예수님을 믿는 거야?"라고 물었다. 당황스러웠다. 주변에 있는 뭐든 집어던질 거라고 생각했는데, 입을 벌려서 어떻게 해야 예수님을 믿는 것인지 가르쳐 달라는 말에 놀라지 않을 수 없었다.

같이 기도하자고 했다. 진심으로 예수님을 믿겠으며, 성령님이 우리 안에 함께하셔서 우리를 아프게 하는 질병이 치유되는 기적이 있게 해달라고 간절히 기도했다. 그리고 마가복음 16장 말씀을 암송해서 전해 주었다.

"믿는 자들에게는 이런 표적이 따르리니 … 병든 사람에게 손을 얹은즉 나으리라 하시더라"(막 16:17-18).

기도를 마치고 눈을 떴는데 그는 울고 있었다. 둘째가라면 서운할 만큼 자존심이 강한 선배였는데 울다니 믿기지가 않았다. 몸이 너무 아픈 것이 계기가 되어 예수님을 믿기로 하고 기도를 따라서 했는데, 아침에 나올 때 아들을 꾸짖은 것이 그토록 마음을 아프게 한다면서 눈물을 보인 이유를 말해 주었다.

그 후 그는 아주 성실한 크리스천이 되었다. 예수님을 구주로 영접하고 한 달 안에 성경을 일독하기도 했다. 하나님의 은혜로 병이 날이 갈수록 좋아졌고, 마침내 완전히 치유되었다. 하나님은 살아 계시고, 필요한 사람을 구원하셔서 필요한 일을 해 나가신다. 이처럼 그분의 생각은 인간의 생각을 넘어서신다.

하나님은 이곳에서도 우리의 기도를 들으신다

성경을 읽다 보면, 곳곳에서 하나님의 사람들이 자신만을 위해서가 아니라 국가와 민족, 가족들을 위해 기도하는 모습을 보게 된다. 신앙이 아직 어릴 때는 자신과 일차적인 욕구 해결을 위해 기도하는 경우가 많다. 그러다가 신앙이 자라고 성장하면서 주변을 돌아보게 되고 기도의 범위가 훨씬 넓어진다.

크리스천에게 주어진 사명 중 하나는 자기가 속한 곳에서 자신과 주변을 돌아보고 필요한 곳에 하나님의 도우심이 임하기를 바라는 일일 것이다.

부대는 많은 사람과 장비가 모여 있기 때문에 각종 사건 사고가 일어날 가능성이 높다. 그래서 기도가 필요하다. 사소한 사고에서부터 인명 사고에 이르기까지 양상도 다양하다.

"여호와께서 집을 세우지 아니하시면 세우는 자의 수고가 헛되며 여호와께서 성을 지키지 아니하시면 파수꾼의 깨어 있음이 헛되도다"(시 127:1).

각 부대에는 지휘관이 있다. 지휘관이 부대를 잘 이끌어 갈 수 있도록 기도해야 한다. 지휘관이 크리스천이든 아니든 상관없이 기도해야 한다. 남북전쟁 당시 북군의 진영에 있던 참모가 에이브러햄 링컨에게 "하나님이 우리 편이 되시면 좋겠다."라고 하자 링컨이 "우리가 하나님 편에 서야겠지요."라고 답변했다는 일화가 있다.

어느 부대에서는 훈련장으로 출발하기 전에 신학교를 다니다가 입대한 군종병에게 기도를 부탁하기도 한다. 그 순간만큼은 계급과 상관없이 그 병사가 목회자를 대신하는 것이다. 군종 목사님들이 부대와 훈련장을 돌아다니면서 가장 먼저 하는 것도 기도다. 지휘관을 위해서, 병사들의 안전을 위해서, 그리고 국가의 안위를 지켜 달라고 기도하고 있다. 군인들의 가족도 한마음으로 부대와 국가를 위해 기도한다. 진실한 기도는 하나님이 반드시 들으시고, 필요하실 때는 기적도 일으키신다.

아끼는 후배가 어려움에 처했던 적이 있다. 신실한 신앙을 가진 후배였는데, 그가 담당하고 있는 전방 지역으로 북한군이 귀순해 들어왔다. 책임 지역이 광활하고 짙은 안개와 여러 가지 상황 등을 고려했지만 책임을 물어 보직 해임이 결정되었다. 여러 가지 군사작전을 잘할 수 있는 환경이 아무리 어렵더라도 귀순자를 군에서 잘 구출했더라면 좋았을 텐데 그러지 못했다는 부끄러움에 너무도 낙심한 상태였다. 그에게 연락을 해서 "힘을 내고, 해임이 되기 전에 귀순자를 다시 잡아서 명예를 회복하면 되지 않겠느냐."라고 했다.

사실 참 어이없는 이야기가 아닐 수 없었다. 몇 년에 한 번 올까 말까 한데, 어떻게 정해진 보름 정도의 기간 안에 귀순자가 다시 올 수 있단 말인가. 하지만 하나님께 맡기고 기도하자고 했다. 그리고 귀순자가 보름 안에 오기를 간절히 기도했는데, 거짓말 같은 일이 보름 정도 되던 어느 날 발생했다. "귀순자는 반드시 또 올 것이니 절대로 실수하지 말고 명예를 회복하자."라는 후배의 확신에 찬 지시에 부대원 모두가 경계 근무에 임했고, 마침내 보직 해임 직전에 귀순자가 또다시 나타나 장병들이 무사히 구출해 낸 초유의 일이 일어났던 것이다. 귀순자 구출 작전을 성공으로 이끈 후 부대로 복귀하는 장병들은 군가도 부르고, 함성도 지르면서 복받쳐 오르는 감정을 억누를 수 없어 눈물을 흘렸다고 한다.

이를 보는 그 후배도 하나님께 감사의 눈물을 흘렸다고 한다. 귀순자가 오던 그날 새벽 3시경, 순찰을 가다가 마을 교회에 들어가 "하나님, 지난번 귀순자를 잡지 못해 어려움에 처해 있습니다. 책임을 지겠지만 하나님, 한 번만 살려 주십시오."라고 간절히 기도한 것이 생각났기 때문이다. 부대원들은 명예를 회복했다는 기쁨과 처벌을 받지 않게 되었다는 것에 들떠 안도의 눈물을 흘렸지만, 그 후배는 하나님이 자신의 기도를 들으셨다는 사실에 더 감사했던 것이다.

눈앞에 생생하게 펼쳐진 하나님의 역사를 직접 경험한 그는 기쁜 소식을 나에게 전해 주었는데, 그도 울고 나도 울었다. 하나님의 살아 계심을 다시 한번 확인하면서 회복시키시는 주님께 마음껏 감사했다. 이 감동적인 사건은 지금 생각해도 불가사의하다. 그 후로도 그와 비슷한 일은 다시 일어나지 않았다. 아마도 다시 일어날 일은 없을 것 같다.

기도는 하나님과 나누는 대화이자 교제이며 우리가 드리는 향기이자 고백이다. 하나님은 기도를 통해 우리를 깨우치시고, 우리에게 그분의 살아 계심을 알게 하신다. 자신을 위해서만이 아니라 다른 사람과 하나님 나라의 확장을 위해 기도하는 것은 우리가 생명을 다할 때까지 해야 할 본분이다.

어느 은퇴한 장로님 한 분이 생각난다. 하루는 친구 장로님들과 온천에 놀러갔다가 허리 수술 한 적이 있느냐는 질문을 받았다고 한다. 수술한 적이 없는데, 이상해서 자세히 살펴보니 허리에 제법 큰 흉터가 보였다. 오래전에 가렵고 짓물러서 피부병인 줄 알고 한동안 연고를 바른 적이 있었는데 이렇게 흉터가 크게 생긴 줄 몰랐다고 했다.

그리고 다음 날 새벽 기도를 드리면서 그 흉터가 생긴 이유를 알게 되었다고 한다. 35년 이상 드린 새벽 기도였는데, 약 15년 전부터 의자 위에 무릎을 꿇고 앉아 두 손을 들고 기도를 드리다 보니 자연히 몸이 뒤로 젖혀지면서 허리가 의자 등받이에 계속해서 짓눌렸던 것이다. 하루에 50여 분 정도 간절한 마음으로 기도를 드리다 보니 등이 벗겨지고 짓눌린 것도 몰랐다고 했다.

"기도하면서 이렇게 흉터가 생길 줄 알았더라면 자세나 자리를 바꿔 봤을 텐데 내가 미련해서 몰랐어."라면서 웃으시는 그분의 얼굴이 무척이나 아름다워 보였다. 장로님은 마흔이라는 늦은 나이에 믿음 생활을 시작하면서 '하나님 바로 알고, 하나님 바로 믿자.'라는 생각만으로 지금까지 왔다고 했다. 어떻게 하면 남은 생애를 하나님을 기쁘시게 하면서 살 수 있겠는가 생각하다가 약 15년 전부터 새벽 시간에 무릎을 꿇고 간절히 다른 사람을 돕는 기도를 드렸다고 했다. 하나님이 그분께는 예수님을 섬기는 흔적을 허리에 새겨 주신 것 같다.

다른 누군가를 위한 기도는 예수님이 우리를 위해 중보하신 것처럼 아름답다. 그래서 당연히 하나님이 들으신다.

선임일수록 사랑의 씨앗을 심어라

　미국의 국무부장관을 지낸 윌리엄 제닝스 브라이언은 독실한 크리스천으로서 평생을 살았다. 그가 하루는 이집트를 여행하다가 3천 년 된 미라 속에서 말라빠진 밀을 발견하고 한 움큼 쥐어다가 집 뜰에 심었다고 한다. 놀랍게도 한 달이 지나자 그 밀알에서 싹이 트고 잎이 나서 다음 해에 다른 밀 종자와 같이 수확을 했다고 한다(국민일보, 2014년 8월 18일). 보도를 통해 믿기지 않는 사실을 보며 놀라지 않을 수 없었다.

　"내가 진실로 진실로 너희에게 이르노니 한 알의 밀이 땅에 떨어져 죽지 아니하면 한 알 그대로 있고 죽으면 많은 열매를 맺느니라"(요 12:24).

　병장이 되고 부대에서 고참이 되었다고 해서 뒤로 빠져서는 안 된다.

시선을 더욱 깊고 광범위하게 돌려야 한다. 안테나 성능을 높이고 모니터를 잘 보고 있어야 한다는 이야기다. 선임이 되면 될수록 후임들이 많아진다. 그들을 귀찮게 생각하면 그들도 당신을 귀찮게 생각할 것이다. 20여 개월 전에 아무것도 모르고 부대에 들어온 자신의 모습을 돌이켜 보고 후임들을 초기부터 보살피고 자리를 잡도록 도와주는 일은 매우 가치 있다.

병장의 입장에서는 작은 보살핌이지만 그들에게는 답답함이 풀리는 순간이다. 동서남북이 어딘지 모르고 헤매는 후임들에게 선임의 안내는 나침반과 등대 같은 역할을 해 준다. 무엇보다 중요한 보살핌은 그들의 신앙을 확인해 주는 것이다. 신병으로 왔을 때 종교를 확인해 크리스천이라면 꼭 챙겨서 예배에 참석하도록 도와주어야 한다. 군 교회에서는 예배를 마치고 나오면 선임들이 간식을 배분해 준다. '계급이 높은 선임들이 계급이 낮은 후임들에게 사랑과 관심을 나눠 주는 곳'이 교회라는 이미지는 후배들에게 안정감을 줄 수 있다. 이것이 본을 보여 주는 것이고, 받은 것을 갚는 내리사랑이다.

부대 건물 안에서 청소를 하는 아주머니가 있었다. 나이는 60대 정도로, 한쪽 다리가 불편하다. 그분은 청소를 하다가도 통로에서 지나가는 사람들에게 늘 인사를 먼저 건네서 다들 친근하게 지낸다. 하루는 통로를 마주쳐 지나는데 아주머니가 한 손으로 종이컵을 가린 채 지나갔다. 잠시 후 고개를 돌려서 쳐다보니 통로에서 근무를 서고 있는 병사 옆으로 가더니 주변 눈치를 슬쩍 보면서 병사가 조용히 마실 수 있도록 종이컵에 탄 따뜻한 커피를 탁자 밑에 숨겨 주고 있었다.

의도하지 않게 그 모습을 본 순간, 머리가 하얘졌다. 나이가 지긋한 아주머니는 젊은 병사가 피곤하게 근무하는 모습을 보면서 얼마 되지 않는 월급으로 커피를 준비해 타 줄 생각을 했던 것이다. 반면에 나는 왜 병사들의 모습들을 세세히 보지 못했을까? 나중에 알고 보니 2시간마다 교대하는 병사들에게 아주머니는 2시간에 한 번씩 커피를 타 주었다고 한다.

나중에 기회가 되어 혹시 교회 다니시냐고 여쭈었더니 어느 교회 권사라고 답을 하셨다. 그 자리에서 크게 내색은 하지 않았지만 속으로 뛸 듯이 기뻤다. 그분이야말로 하나님의 시선을 가진 분이신 것 같았다. 예수 믿는 분의 향기를 청소하시는 아주머니를 통해 맛보게 되어 진정으로 감사했다.

사랑의 씨앗은 심기면 결코 헛되지 않다. 그 권사님을 통해 심긴 씨앗이 어떻게 자라날지 궁금하다. 우리는 예수 그리스도의 씨앗을 많이 배당받은 사람들이다. 씨앗을 창고에 쌓아 두기만 하면 아무런 소용이 없다. 땅에 심어 그리스도의 향기가 나도록 우리가 그 일을 해야 한다.

마지막까지 행복한 계절이 되기를 원한다면

주님에 대한 첫사랑으로 시작한 군 생활을 얼마 남겨 두지 않은 시점이 되면 마지막까지 성실하게 잘 마무리하기 위해 더 노력해야 한다.

집에 1년 정도 우편으로 받아 본 신문이 있었다. 우편으로 오다 보니 대부분 3일 정도 걸렸는데, 도착하면 신문(新聞)이 아니고 구문(舊聞)이다. 신문에 실린 사고 기사를 읽으면 당시로 돌아가 사고를 막고 싶은 마음이 간절했다.

군 생활도 마찬가지로 돌이키고 싶은 때가 있을 것이다. 아직 군에 가지 않았다면 다행으로 여겨 그 시간을 돌려놓았다고 생각하고 '바로 그 처음'을 성실하게 맞이하면 좋겠다.

"주께서 심지가 견고한 자를 평강하고 평강하도록 지키시리니 이는 그가 주를 신뢰함이니이다"(사 26:3).

이 말씀은 전역을 얼마 남겨 두지 않은 병장들에게 꼭 필요하다. 견고한 심지가 끝까지 발휘되어야 하는 때가 바로 선임으로 생활하는 기간일 것이다. 꼭 당부하고 싶은 말은 마지막까지 친절하라는 것이다. 군대에서 병장이 되면 후배들에게 급하게 화를 낼 수 있다. 자신의 기준에서 후임들의 행동이 미숙하게 보일 수 있기 때문이다.

그래도 어려워하는 후임들에게 온유함을 잃지 말고 잘 대해 주라. 상급자에게 무례하게 대하는 일도 없어야 한다. 병사들의 의견을 종합해 건의하거나 의견을 제시할 때 자칫 불손하게 비칠 수 있다. 공명심이 들거나 후배들에게 '형님' 역할의 유혹에 빠지게 되면 어린 마음에 자제력을 잃을 수도 있다.

하나님이 지금까지 지켜 주심도 감사하자. 군 생활을 돌이켜 보면서 수많은 위기와 어려움 속에서도 꿋꿋하게 성장하도록 도와주신 하나님과 교회 식구들, 주변에서 도움을 주신 분들에게도 고마움을 표함으로 마무리하자. 혼자 군 생활을 해 온 것 같지만, 그들의 기도와 보살핌이 있었음을 생각해 보자. 예수님은 우리를 끝까지 사랑하셨다.

"유월절 전에 예수께서 자기가 세상을 떠나 아버지께로 돌아가실 때가 이른 줄 아시고 세상에 있는 자기 사람들을 사랑하시되 끝까지 사랑하시니라"(요 13:1).

예수님은 모든 제자들이 도망쳤을 때 홀로 남아 십자가를 지셨다. 또한 70킬로그램 정도 무게의 감람나무로 만든 십자가를 지고, 폭 2미터 정도의 길을 걸어서 십자가가 세워질 언덕으로 향하셨다. 그 길은 고통으로 예수님을 감쌌지만 구원에 이르는 길이었기에 주님은 그 길을 걸으신 것이다. 이처럼 하나님은 우리를 끝까지 사랑하시고 보호하셨다. 우리는 이 사실을 기억해야 한다.

서해 최북단 백령도나 연평도를 가려면 인천 연안 부두에서 배를 타야 한다. 나중에 상황실에서 전체를 보니 처음부터 도착할 때까지 우리 국군이 보이지 않는 곳에서 눈을 떼지 않고 지켜보며 보호하고 있었다. 바다와 하늘에서 잠시도 눈을 떼지 않고 여객선이 무사히 도착하도록 호위하고 있는 것이었다. 그 순간, 하나님도 마찬가지시라는 생각이 들었다. 하나님이 우리를 처음부터 끝까지 눈을 떼지 않고 보호하신다는 사실이다. 그러나 무사태평으로 살지 않게 하시고 거센 풍랑과 비바람 속에서도 견딜 수 있는 강인한 일꾼으로 우리를 성장시키신다는 사실도 알게 되었다.

'유종의 미'라는 좋은 말이 있다. 떠나가는 뒷모습이 오래 남는 법이다. 우리가 열심히 군 생활을 하면서 많은 일들을 했지만, 마지막 모습은 남겨진 사람들에게 주는 선물이 될 것이다. 예수님이 끝까지 우리를 사랑하신 것처럼 우리도 그렇게 믿음을 지켜 가자.

청년 다윗의 거룩한 용기를 지녀라

사무엘상 17장에는 하나님을 모욕하던 적장 골리앗의 목을 베고, 수세에 몰려 패배감에 젖어 있던 이스라엘을 다시금 소리쳐 환호하게 했던 청년 다윗의 모습이 나온다.

다윗이 국민적 영웅이기 때문이 아니다. 크리스천 청년들이 배우고 닮아야 할 핵심적인 모습이 다윗에게 묻어나기 때문이다. 성경은 당시의 다윗을 "소년"(삼상 17:33)이라고도 표현했고, "청년"(삼상 17:56)이라고도 표현했다. 아마도 지금 군에 가는 청년들의 나이와 별반 차이가 없을 것이다.

왕이 된 다윗의 모습 외에 우리 청년들처럼 군에 갈 나이의 청년 다윗의 모습은 어떠했을까? 성경에서 그 답을 찾을 수 있다. 골리앗을 때려눕힌 17장에 앞서 16장에는 청년 다윗을 묘사한 구절이 나온다.

"소년 중 한 사람이 대답하여 이르되 내가 베들레헴 사람 이새의 아들을 본즉 수금을 탈 줄 알고 용기와 무용과 구변이 있는 준수한 자라 여호와께서 그와 함께 계시더이다 하더라"(삼상 16:18).

이 말을 한 사람은 '소년'이었다. 다윗과 비슷한 또래로서 그에 대해 잘 알고 있을 가능성이 매우 높고, 사울왕에게 보고할 정도면 매우 정확한 정보였을 것이다. 다윗은 이스라엘에서 가장 돋보일 정도의 수금 연주 실력을 가지고 있었고, 용기가 탁월했으며, 싸움 기술이 뛰어났고, 말과 글에 재주가 있었음을 짐작할 수 있다. 외모도 준수했다고 하니 실력 있고 멋진 청년임에 틀림없다. 가장 중요한 것은 마지막 부분에 언급된 내용으로, 여호와께서 함께하고 계시다는 것을 주변 사람들이 다 알고 있을 정도였다.

그런 다윗이었기에 전쟁터에서 마주친 골리앗의 무례함을 보고 가만히 있을 수 없었을 것이다. 그의 강하면서도 거룩한 용기가 깨어나 골리앗의 목을 베고 이스라엘이 승리하도록 이끌었던 것이다. 다윗이 전쟁터에 간 이유는 싸우기 위해서가 아니었다. 아버지의 심부름으로 전쟁터에 가 있는 형들에게 식량을 전해 주러 간 것이었는데, 적장 골리앗이 하나님의 군대를 모욕하는 소리를 하자 그의 거룩한 용기가 급격히 요동치며 깨어났던 것이다.

청년 다윗은 집안의 막내였다. 막내라 귀여움을 받으며 온순하게 자랐다고 생각하면 오산이다. 당시 '막내'라는 말은 '아주 하찮은 존재'라는 의미로 쓰일 정도로, 집안에서 대접을 받지 못하는 위치였다. 그런 다윗이기에 집에서 쉬지 못하고 거친 들판에서 양을 도맡아 키워 오고 있었던 것이다.

양을 키우는 것은 들판에서 양들과 밤낮없이 함께 지내면서 특별한 보호막도 없이 추위와 더위를 온몸으로 이겨 내며 살아야 하는 일이었다. 때로는 주린 배를 채우려고 양들을 습격하는 사나운 들짐승과 목숨을 걸고 싸우기도 했다. 이는 외롭고 고독한 일이었고, 강하지 않으면 생명을 보장받을 수 없는 일이었다. 다윗이 수도 없이 어렵고 생명이 위태로운 상황을 마주하고 이겨 내면서 온몸으로 깨달은 것은 오로지 하나님만이 보호자가 되시며, 하나님이 함께하시면 이길 수 있고, 하나님의 인도하심이 없으면 단 하루도 살아갈 수 없다는 것이었다.

말과 글에 뛰어난 재주를 가진 다윗은 그의 시편을 통해서 알 수 있듯이 시를 잘 짓고, 악기를 연주하며, 하나님을 찬양했고, 그분의 뜻 안에서 살아간 인물이었다. 들판에서 짐승들과 싸우면서 싸움을 익혀 누구보다도 강한 싸움꾼이었고, 자신의 진정한 목자이신 하나님을 향한 의로움을 행동으로 옮김에 있어서 주저하지 않는 거룩한 용기도 가지고 있었다. 그리고 몸에 맞지도 않는 사울의 갑옷 같은 겉치레는 과감히 거부했던 진솔한 사람이 바로 다윗이었다. 적장의 위협과 두려움에 사로잡히지 않는 용맹함을 가지고 있었으며, 불의를 보고 뒤로 숨는 비겁한 사람도 아니었다. 행동의 동기는 의로웠고, 적의 약점과 핵심을 간파하는 혜안이 있었고, 물맷돌 단 한 방으로 적장을 무력화시킬 만큼 평소에 훈련을 게을리하지 않았음도 알 수 있다.

그런 다윗에게 있어서 골리앗은 덩치만 큰 '밥'이요 썩은 고목에 불과했다. 다윗에게 넘쳐 나는 거룩한 용기와 전문적인 실력이 크리스천 청년들에게 회복되기를 간절히 소망해 본다. "이 산지를 내게 주소서."라고 갈망하던 갈렙의 용기처럼, 사자 굴에 들어가더라도 하나님을 향한 믿음을 담대히 지키려던 다니엘의 용기처럼, 돌에 맞아 죽더라도 하나님의 말씀을 전하던 스데반의 용기처럼, 예수 그리스도의 복음을 전하려 함에는 자신의 생명을 조금도 귀하게 여기지 않겠다고 외친 사도 바울의 용기처럼, 하나님을 향한 거룩한 용기가 우리 청년들에게 회복되기를 간절히 소망한다.

분별의 지혜에 더해 청년다운 거룩한 용기를 깨운다면 우리의 대적과 당당히 맞서 싸우는 그리스도의 군사로서 손색이 없다고 자신 있게 말할 수 있을 것이다.

군대라는 최고의 코스를 거친 그대들을 축복하며

"내 종 갈렙은 그 마음이 그들과 달라서 나를 온전히 따랐은즉 그가 갔던 땅으로 내가 그를 인도하여 들이리니 그의 자손이 그 땅을 차지하리라"(민 14:24).

어느새 18개월(육군과 해병대 18개월, 해군 20개월, 공군 21개월)의 복무 기간이 끝나 가고 마무리할 만큼의 세월이 흘렀다. 입대할 당시의 모습과 비교해 볼 때 제법 달라진 자신의 모습을 느끼게 될 것이다. 철없던 시절은 다 지나고 나름대로 크리스천으로서의 가치관이 정립된 그리스도의 군사다운 모습으로 성숙해졌을 것이다. 국가를 위해 젊은 나이에 국민의 한 사람으로서 소중한 역할과 책임을 다한 것이다. 군 생활을 하면서 자신도 모르는 사이에 국가와 사회라는 공동체를 생각하는 마음과 강한 체력, 정신력이 길러졌을 것이다. 사회와 인간을 볼 수 있는 시각도 넓어졌을 것이다.

영적으로는 성경을 읽는 데 익숙해져 있을 것이고, 교회에서의 봉사를 통해 교회와 성도를 섬기고 하나님을 영화롭게 하는 훈련도 했을 것이다. 자신이야말로 하나님으로부터 많은 사랑을 받은 존재라는 것도 깨달았을 것이다. 전도를 통해 영혼을 구원하는 사람 낚는 어부의 경험도 했을 것이다. 자기보다 약하고 보살핌이 필요한 존재가 있다는 사실도 깨닫게 되었을 것이고, 혼자가 아닌 공동체의 일원이라는 의식도 생겼을 것이다. 질서와 배려를 배우고 낮아지는 연습도 소중하게 익혔을 것이다. 평생 쓸 체력과 지성을 군에서 단련하자는 운동이 군 저변에서 활발하게 일고 있는데, 크리스천 청년들은 영적인 체력까지도 군에서 강하게 다지는 기간으로 삼았을 것이다.

그렇게 몸과 마음이 균형 잡힌 모습으로, 영적인 군사로 성장해 사회로 돌아가게 된다. 내면에는 여호수아와 갈렙과 같은 거룩한 용기가 꿈틀댈 것이다. 그리고 다시금 하나님이 보내시는 곳으로 발길을 내디딜 것이다. 여호수아와 갈렙에게 허락하신 젖과 꿀이 흐르는 땅은 우리가 성숙하게 성장했을 때 손으로 만지고 발로 밟으며 직접 누릴 수 있는 수준임을 깨닫게 될 것이다.

"육체의 연단은 약간의 유익이 있으나 경건은 범사에 유익하니 금생과 내생에 약속이 있느니라"(딤전 4:8)는 말씀은 전역을 앞둔 크리스천 청년들에게 가장 적합한 듯하다. 그런 의미에서 군은 결코 시간을 허비하는 곳이 아니다. 그동안 잠자고 있던 영적인 용기, 거룩한 용기, 선한 영향력을 발휘할 수 있도록 크리스천의 용기를 깨우는 곳이다.

입대 당시에는 걸림돌처럼 보이던 군대가 다시 사회로 나가는 시점에서 보면, 자신을 성숙하게 해 주고 한 걸음 더 내딛도록 도와주는 멋진 디딤돌이 될 것이다. 비로소 그리스도의 군사로 나설 수 있는 토대가 마련되었다고 보면 된다. 군에서 다진 모든 것들이 자신도 모르는 사이에 튼튼한 밑거름이 되리라고 확신한다. 기초가 튼튼해야 비바람 속에서도 거뜬히 견딜 수 있듯이, 군대라는 최고의 코스를 통해 영육 간에 강해졌으니 염려 없다. 우리가 흘린 땀과 수고가 거룩한 용기를 깨우고, 내게 보석 같은 열매로 맺혔다는 자신감을 갖자.

"사랑하는 자여 네 영혼이 잘됨 같이 네가 범사에 잘되고 강건하기를 내가 간구하노라"(요삼 1:2).

마지막으로, 모든 크리스천 청년 입대자를 축복한다.

꼭 알아야 할 군대 톡톡

YES 대인배, NO 거부

"군대에서 만나는 사람들과 어떻게 관계를 가져야 하나요?"
입대를 앞둔 많은 청년들이 묻는 질문이다. 대·인·배로 나서고 거·부하지 말라는 것이 가장 중요한 팁이다. 대화(소통), 인사(인정), 배려에 힘쓰고 거부, 불평은 멀리하자.

대화 – 대화를 소통으로 연결시켜라
대화를 할 때 기억할 것은, '사람은 자신을 좋아하는 사람을 좋아한다.'라는 말이다. 먼저 말문을 트고 대화를 해 나가면 처음에는 어색할지 몰라도 곧 친해진다. 반대로 선임이나 상급자가 대화를 걸어올 때 진정성 있게 받아서 소통으로 이어가는 것이 좋다.

인사 – 인사는 인정받음으로 돌아온다
군대에서 인사, 경례는 기본이다. 단순한 인사가 아니라 상대방에 대한 인정함의 표현으로 인사하자. 인정이란, "너와 함께(선임, 후임, 소대장, 전우)하는 게 좋아."라고 상대방에 대해 환영해 주는 것이다. 먼저 상대방을 인정해 주면 상대방도 당신을 인정해 줄 것이다.

배려 – 배려는 감동으로 자리 잡는다
소소하지만 작은 배려가 결국 딱딱한 관계를 회복시키고, 진정성 있는 배려는 상대방의 마음에 감동으로 자리 잡는다. 이해관계로 상대방을 대하지 말고, 크리스천의 사랑으로 대하면서 배려해 보자.

거부 – 단절은 불행함을 느끼게 한다

"너와 함께(선임, 후임, 소대장, 전우)하는 게 싫어."라고 상대방을 무시하는 것이다. 상대방을 거부(무시)하는 몸짓, 눈짓, 말투, 행동은 관계를 단절시키고, 자신을 결국 고립시킨다. 상대방의 마음에는 치유되지 않는 상처로 남고, 심한 경우 되갚음을 하기도 한다.

불평 – 하나님의 숨겨진 계획을 못 보게 한다

자신의 생각과 맞지 않을 때 사탄은 우리 마음에 침투하여 불평과 불만이 쌓이게 한다. 가장 치명적인 손실은 하나님의 선하시고 감춰진 계획을 볼 수 없게 만들고, 마음속의 화평이 깨지는 것이다. 한 번 터진 불평은 불만과 원망, 분노로 이어짐을 명심하자.

크리스천은 대인배다. 예수님처럼 크게 생각하고 멀리 보면서 하나님의 사랑으로 대하자. 더딜지라도 결국 좋은 관계, 아름다운 관계의 선물을 받게 될 것이다.

선배 톡톡

그리스도의 향기가 나는 복의 방향제

존귀하고 멋진 청년 여러분!

군복무 기간 동안 정말 수고 많았어요. 여러분의 수고와 희생으로 우리 모두가 안전하고 행복하게 지낼 수 있었습니다. 감사와 더불어 전역을 앞둔 여러분에게 전하고 싶은 말이 있습니다. 군대를 전역하면 또다시 사회에 적응하는 과정이 필요하다는 것입니다.

군대는 계급과 상명하복의 원칙으로 조직되고 운영되지만, 사회는 자율과 경쟁의 원칙으로 돌아갑니다. 이 차이를 잘 이해하고 잘 적응하기를 바랍니다. 더 중요한 것은 군 생활에서의 신앙생활의 습관과 열정이 교회 생활에도 잘 이어질 수 있게 하는 것입니다. 전역하면 한 주도 쉬지 말고 바로 여러분이 속한 청년부 예배로 돌아가세요. 신앙생활에는 휴가나 방학이 없습니다. 그동안 사모했던 모교회에서의 예배와 섬김을 맘껏 누리기 바랍니다.

존귀한 여러분은 하나님이 이 땅에 보내신 복 있는 사람이며, 그리스도의 향기가 나는 복의 방향제입니다. 그러한 여러분을 하나님이 군대로 보내셨습니다. 지난 군 생활을 돌이켜보면 사랑이 없는 곳을 사랑의 향기로, 기쁨이 없는 곳을 기쁨의 향기로, 생명이 없는 곳을 생명의 향기로 채운 복 있는 사람이었을 것입니다.

복 있는 여러분으로 인해 부대와 내무반이 복을 받았다면 여러분은 하나님이 기뻐하시는 군 생활을 잘 해낸 것입니다. 물론 이 모든 것이 하나님의 은혜요 섭리이며, 이 은혜와 섭리는 여러분이 앞으로 어떤 공동체를 가든지 여러분과 함께할 것입니다. 다시 돌아가는 가정과 학교에서, 여러분이 가게 될 직장에서 그리스도의 향기를 전하는 복 있는 사람으로서 계속 살아가게 될 것입니다.

전역을 앞둔 장병 여러분에게 우리의 최고 사령관 되신 하나님이 주신 마지막 임무를 전달합니다. "계속 복 있는 사람으로 살아가라!" 이 임무를 우리에게 주신 하나님이 이 일을 계속하게 하시고 완수하게 하실 것입니다. 그리고 하나님이 이 땅에 보내신 복 있는 사람인 여러분이 어디를 가든지 사랑받고, 무엇을 하든지 형통케 되기를 축복합니다. 사랑합니다!

박이삭, 빛고을광염교회 담임목사

군대에서 힘이 되는 말씀 30선

담대함

- 두려워하지 말라 내가 너와 함께 함이라 놀라지 말라 나는 네 하나님이 됨이라 내가 너를 굳세게 하리라 참으로 너를 도와 주리라 참으로 나의 의로운 오른손으로 너를 붙들리라_이사야 41장 10절
- 내가 네게 명령한 것이 아니냐 강하고 담대하라 두려워하지 말며 놀라지 말라 네가 어디로 가든지 네 하나님 여호와가 너와 함께 하느니라 하시니라_여호수아 1장 9절
- 내 영혼아 네가 어찌하여 낙심하며 어찌하여 내 속에서 불안해 하는가 너는 하나님께 소망을 두라 그가 나타나 도우심으로 말미암아 내가 여전히 찬송하리로다_시편 42편 5절
- …너는 두려워하지 말라 내가 너를 구속하였고 내가 너를 지명하여 불렀나니 너는 내 것이라_이사야 43장 1절
- 여호와를 바라는 너희들아 강하고 담대하라_시편 31편 24절
- 여호와는 나의 빛이요 나의 구원이시니 내가 누구를 두려워하리요 여호와는 내 생명의 능력이시니 내가 누구를 무서워하리요_시편 27편 1절
- 그런즉 너희는 강하게 하라 너희의 손이 약하지 않게 하라 너희 행위에는 상급이 있음이라 하니라_역대하 15장 7절

평안함

- 여호와는 나의 목자시니 내게 부족함이 없으리로다_시편 23편 1절
- 평안을 너희에게 끼치노니 곧 나의 평안을 너희에게 주노라 내가 너희에게 주는 것은 세상이 주는 것과 같지 아니하니라 너희는 마음에 근심하지도 말고 두려워하지도 말라_요한복음 14장 27절
- 여호와 그가 네 앞에서 가시며 너와 함께 하사 너를 떠나지 아니하시며 버리지 아니하시리니 너는 두려워하지 말라 놀라지 말라_신명기 31장 8절
- 너희는 마음에 근심하지 말라 하나님을 믿으니 또 나를 믿으라_요한복음 14장 1절
- 주께서 심지가 견고한 자를 평강하고 평강하도록 지키시리니 이는 그가 주를 신뢰함이니이다 너희는 여호와를 영원히 신뢰하라 주 여호와는 영원한 반석이심이로다_이사야 26장 3-4절

의지함

- 여호와여 주의 이름을 아는 자는 주를 의지하오리니 이는 주를 찾는 자들을 버리지 아니하심이니이다_시편 9편 10절
- 보라 하나님은 나의 구원이시라 내가 신뢰하고 두려움이 없으리니 주 여호와는 나의 힘이시며 나의 노래시며 나의 구원이심이라_이사야 12장 2절
- 우리가 하나님을 의지하고 용감히 행하리니 그는 우리의 대적들을 밟으실 자이심이로다_시편 108편 13절
- 네 짐을 여호와께 맡기라 그가 너를 붙드시고 의인의 요동함을 영원히 허락하지 아니하시리로다_시편 55편 22절
- 너희 염려를 다 주께 맡기라 이는 그가 너희를 돌보심이라_베드로전서 5장 7절
- 내가 하나님을 의지하였은즉 두려워하지 아니하리니 사람이 내게 어찌하리이까_시편 56편 11절
- 너희는 두려워하지 말고 가만히 서서 여호와께서 오늘 너희를 위하여 행하시는 구원을 보라…_출애굽기 14장 13절

인도하심

- 내가 산을 향하여 눈을 들리라 나의 도움이 어디서 올까 나의 도움은 천지를 지으신 여호와에게서로다_시편 121편 1-2절
- 여호와께서 그들 앞에서 가시며 낮에는 구름 기둥으로 그들의 길을 인도하시고 밤에는 불 기둥을 그들에게 비추사 낮이나 밤이나 진행하게 하시니_출애굽기 13장 21절
- 내가 여호와를 항상 내 앞에 모심이여 그가 나의 오른쪽에 계시므로 내가 흔들리지 아니하리로다_시편 16편 8절
- 내 손이 그와 함께 하여 견고하게 하고 내 팔이 그를 힘이 있게 하리로다_시편 89편 21절
- …여호와께서 과연 여기 계시거늘 내가 알지 못하였도다_창세기 28장 16절
- 여호와는 선하시며 환난 날에 산성이시라 그는 자기에게 피하는 자들을 아시느니라_나훔 1장 7절
- 내가 너와 함께 있어 네가 어디로 가든지 너를 지키며 너를 이끌어 이 땅으로 돌아오게 할지라 내가 네게 허락한 것을 다 이루기까지 너를 떠나지 아니하리라 하신지라_창세기 28장 15절
- 여호와가 너를 항상 인도하여 메마른 곳에서도 네 영혼을 만족하게 하며 네 뼈를 견고하게 하리니 너는 물 댄 동산 같겠고 물이 끊어지지 아니하는 샘 같을 것이라_이사야 58장 11절
- …사람이 자기의 아들을 안는 것 같이 너희의 하나님 여호와께서 너희가 걸어온 길에서 너희를 안으사 이 곳까지 이르게 하셨느니라_신명기 1장 31절
- 내가 가는 길을 그가 아시나니 그가 나를 단련하신 후에는 내가 순금 같이 되어 나오리라_욥기 23장 10절
- 여호와께서 우리를 기뻐하시면 우리를 그 땅으로 인도하여 들이시고 그 땅을 우리에게 주시리라 이는 과연 젖과 꿀이 흐르는 땅이니라_민수기 14장 8절

**어머니를 위한
어느 훈련병의
기도**

하나님,
군에 가면서 이처럼
간절한 마음은 처음인 것 같습니다.
진심으로 어머니를 위해 기도하오니 들어주세요.

하나님,
어머니한테 제가 많이 생각나지 않게 해 주시고,
저를 위해 어머니가 기도할 때만
잠깐 생각나게 해 주세요.
하루 종일 자식 생각에
어머니가 힘들어질까 염려됩니다.

하나님,
늘 어머니를 돌보아 주세요.

저 없다고 심심해하고 외로워하실 때는
더 친밀하게 곁에 계셔 주세요.

하나님,
어머니가 눈물을 참지 않게 해 주세요.
아버지 떠나보내시고
다시는 울지 않겠다 하시던 어머니에게
속상한 일이 생기면 하나님 앞에서 만큼은
참지 말고 마음껏 울게 해 주세요.

하나님,
제가 다치지 않게 해 주세요.
제가 아프다고 하면
어머니는 몇 배는 더 아파하시거든요.

또 하나님,
훈련소에서 받는 훈련을
잘 이겨 내게 해 주세요.
훈련 잘 마치면 어머니를 업어드린다고
약속했기 때문입니다.
단단해진 저의 등에
어머니가 잠시라도 의지할 수 있도록
제가 훈련 잘 이겨 내게
꼭 좀 도와주세요.

그리고 마지막으로
저를 좀 만나 주세요.

어머니의 소원이
군대에서 제가 하나님을 만나는 거라고
말씀하시며 그렇게 기도하겠다고 하셨습니다.
그러니 어머니의 소박하지만 간절한 소원을
들어주실 수 없나요?
어머니에게 하나님을 만났다고
이야기할 수 있게 저를 위해 시간 좀 내 주세요.

저는 이제 군에 들어갑니다.
기도하기 전에는 마음이 불안했는데,
이렇게 하나님께 기도를 드리고 나니
평안해졌습니다.

저를 떠나보내고
집에 혼자 남아 계실 어머니,
제 책상에 앉아
매일 2시간씩 성경을 쓰시겠다는 어머니,
저를 사랑하시는 그 어머니를
하나님께 간곡히 부탁드립니다.

1년 6개월 걸려 성경을 다 쓰면
전역할 때 선물로 주시겠다는 어머니를
제가 돌아올 때까지
저 대신 꼭 지켜 주세요.
예수님의 이름으로 기도합니다.
아멘.

사명선언문

너희가 흠이 없고 순전하여……세상에서 그들 가운데 빛들로
나타내며 생명의 말씀을 밝혀 _ 빌 2:15-16

1. 생명을 담겠습니다
만드는 책에 주님 주신 생명을 담겠습니다.
그 책으로 복음을 선포하겠습니다.

2. 말씀을 밝히겠습니다
생명의 근본은 말씀입니다.
말씀을 밝혀 성도와 교회의 성장을 돕겠습니다.

3. 빛이 되겠습니다
시대와 영혼의 어두움을 밝혀 주님 앞으로 이끄는
빛이 되는 책을 만들겠습니다.

4. 순전히 행하겠습니다
책을 만들고 전하는 일과 경영하는 일에 부끄러움이 없는
정직함으로 행하겠습니다.

5. 끝까지 전파하겠습니다
모든 사람에게, 땅 끝까지, 주님 오시는 그날까지
복음을 전하는 사명을 다하겠습니다.

서점 안내

광화문점   서울시 종로구 새문안로 69 구세군회관 1층
             02)737-2288 / 02)737-4623(F)

강남점   서울시 서초구 신반포로 177 반포쇼핑타운 3동 2층
             02)595-1211 / 02)595-3549(F)

구로점   서울시 동작구 시흥대로 602, 3층 302호
             02)858-8744 / 02)838-0653(F)

노원점   서울시 노원구 동일로 1366 삼봉빌딩 지하 1층
             02)938-7979 / 02)3391-6169(F)

일산점   경기도 고양시 일산서구 중앙로 1391 레이크타운 지하 1층
             031)916-8787 / 031)916-8788(F)

의정부점 경기도 의정부시 청사로47번길 12 성산타워 3층
             031)845-0600 / 031)852-6930(F)

인터넷서점 www.lifebook.co.kr